NOS VEMOS HOY 1

Curso de español

A1

difusión

NOS VEMOS HOY 1

Autoras
Eva María Lloret Ivorra, Rosa Ribas, Bibiana Wiener, Margarita Görrissen, Marianne Häuptle-Barceló

Coordinación editorial y redacción
Clara Serfaty, Pablo Garrido

Diseño gráfico
Laurianne Lopez, Pablo Garrido

Diseño de cubierta
Laurianne Lopez

Ilustración
Miguel Manich (studiomanich.com)

Maquetación
David Caramés, Pedro Franquet, Miner Grillo

Corrección
Pablo Sánchez

Documentación
Emma González Mesas

Nos vemos hoy está basado en el manual *Con gusto nuevo*.

© de la edición original: Ernst Klett Sprachen GmbH, Stuttgart, Alemania (2018)

© de esta edición: Difusión, Centro de Investigación y Publicaciones de Idiomas, Barcelona, España (2021)

ISBN: 978-84-18625-16-9
ISBN edición híbrida: 978-84-19236-31-9
Reimpresión: agosto 2024
Impreso en la UE

Queda prohibida cualquier forma de reproducción, distribución, comunicación pública y transformación de esta obra sin contar con autorización de los titulares de propiedad intelectual. La infracción de los derechos mencionados puede ser constitutiva de delito contra la propiedad intelectual (arts. 270 y ss. Código Penal).

Bienvenidos a NOS VEMOS HOY 1

NOS VEMOS HOY es un manual para descubrir el mundo de habla hispana y aprender a comunicarse en situaciones de la vida cotidiana. Al final de este nivel el / la estudiante habrá alcanzado el nivel A1 del Marco Común Europeo de Referencia para las Lenguas.

Para vivir una experiencia aún más interactiva, todos los recursos digitales de **NOS VEMOS HOY** se encuentran disponibles en:

Recursos para estudiantes y docentes
campusdifusión

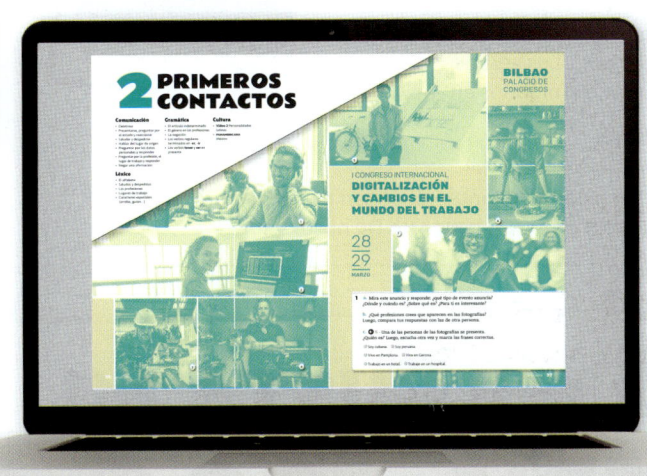

campusdifusión

- ✓ **Libro digital interactivo en dos formatos (flipbook y HTML)**
- ✓ **Audios y vídeos**
- ✓ **Transcripciones de los audios**
- ✓ **Textos mapeados**
- ✓ **Textos locutados**
- ✓ **Itinerarios digitales**
- ✓ **Itinerarios básicos**
- ✓ **Evaluaciones**
- ✓ **Exámenes autocorregibles por unidad**
- ✓ **Edición anotada para docentes**
- ✓ **Glosarios en inglés, francés y chino**
- ✓ **Soluciones**

ÍNDICE

PÁG. 12

1 VIAJE AL ESPAÑOL

Comunicación
• Saludar y despedirse • Preguntar por el nombre • Presentarse y reaccionar • Preguntar por el significado • Los números hasta 10 • Hablar de los motivos para estudiar español

Léxico
• Nombres y apellidos • Saludos y despedidas • Las letras • Palabras de origen latino, árabe, indígena, inglés • Lenguas • Países • Motivos para estudiar español

Gramática
• La pronunciación • El artículo determinado • El género y el número en los nombres • Los pronombres personales • El tratamiento (**tú / usted**) • Los verbos regulares terminados en **-ar**

Cultura
• Personas famosas del mundo hispanohablante • El origen de las palabras • **Vídeo 1** Me presento • **PANAMERICANA** De norte a sur

PÁG. 26

2 PRIMEROS CONTACTOS

Comunicación
• Deletrear • Presentarse, preguntar por el estado y reaccionar • Saludar y despedirse • Hablar del lugar de origen • Preguntar por los datos personales y responder • Preguntar por la profesión, el lugar de trabajo y responder • Negar una afirmación

Léxico
• El alfabeto • Saludos y despedidas • Las profesiones • Lugares de trabajo • Caracteres especiales (arroba, guion...)

Gramática
• El artículo indeterminado • El género en las profesiones • La negación • Los verbos regulares terminados en **-er**, **-ir** • Los verbos **tener** y **ser** en presente

Cultura
• **Vídeo 2** Personalidades latinas
• **PANAMERICANA** México

PÁG. 40

3 ME GUSTA MI GENTE

Comunicación
• Hablar de la familia • Hablar de una persona: el aspecto físico, el carácter, el estado civil • Preguntar por los gustos y responder • Decir la fecha • Preguntar por el cumpleaños y responder

Léxico
• La familia y las relaciones personales • Características físicas • Adjetivos de carácter • Los gustos personales • Los números hasta 100 • Los meses del año

Gramática
• Los posesivos • El género y el número en los adjetivos • Los interrogativos • **Gusta(n)**

Cultura
• Familias famosas: Cruz y Bardem • Chocolates Valor • **Vídeo 3** Esta es mi familia • **PANAMERICANA** Guatemala

PÁG. 54

4 MIRADOR

Unidad de repaso

Hablamos de cultura: relaciones personales

Nos conocemos

Aprender a aprender

Terapia de errores

4 cuatro

PÁG. 58

5 COMER CON GUSTO

Comunicación
• Comprar alimentos • Preguntar el precio • Hablar de cantidades y envases • Pedir algo en un bar • Informarse sobre la comida • Referirse a una cosa mencionada • Preguntar por la hora y decirla • El momento del día y la hora • Expresar la frecuencia

Léxico
• Los alimentos • Las cantidades y las medidas • Los envases

Gramática
• Los pronombres de OD • El **se** impersonal • Los números a partir del 100 • Verbos con cambio vocálico (**e → ie, o → ue**) • La hora (**Es la** una / **Son las** dos)

Cultura
• Las tapas • El menú del mediodía • Los bares en España y los horarios • **Vídeo 4** Las recetas de Felipe • **PANAMERICANA** Costa Rica

PÁG. 72

6 POR LA CIUDAD

Comunicación
• Descubrir una ciudad • Preguntar y decir dónde se encuentra algo • Pedir información • Expresar necesidad • Indicar el camino • Los números ordinales • Expresar cómo ir a un lugar

Léxico
• Las partes de la ciudad • Los monumentos • Actividades en la ciudad • Los medios de transporte • Las tiendas y los establecimientos

Gramática
• **Hay** • **Está(n)** • Expresiones de lugar • El uso de las preposiciones **a** y **en** • La contracción del artículo • Los verbos irregulares **ser, ir, estar, seguir**

Cultura
• Sevilla • Bogotá • **Vídeo 5** ¿Dónde hay una farmacia? • **PANAMERICANA** Colombia

PÁG. 86

7 EL PLACER DE VIAJAR

Comunicación
• Reservar una habitación de hotel • Pedir información • Expresar acuerdo y desacuerdo: **A mí también, A mí tampoco, (Pues) A mí sí, (Pues) A mí no** • Expresiones de frecuencia • Marcadores temporales • Dirigirse a alguien para reclamar, disculparse, aceptar disculpas

Léxico
• Tipos de alojamiento y servicios • El ocio y el turismo • Reclamaciones

Gramática
• Los pronombres de objeto indirecto • **Mucho/a/os/as, muy, mucho** • Los verbos irregulares con **-g-** en la primera persona • El pretérito perfecto • Los participios irregulares

Cultura
• Mallorca • Cuba • **Vídeo 6** Este lugar es un sueño • **PANAMERICANA** Ecuador

PÁG. 100

8 MIRADOR

Unidad de repaso

Hablamos de cultura: no todo es diferente

Ahora ya sabemos

Aprender a aprender

Terapia de errores

ÍNDICE

PÁG. 104

9 CAMINANDO

Comunicación
• Hablar de la ropa y los colores • Hablar de los materiales • Señalar algo • Describir la rutina diaria • Describir un proceso • Dar consejos • Comparar algo • Hablar del clima

Léxico
• La ropa • Los colores • Los materiales • El clima

Gramática
• La comparación • Los verbos reflexivos • El verbo **conocer** en presente • El objeto directo de persona • Los demostrativos • **Estar** + gerundio • Algunos gerundios irregulares

Cultura
• El Camino de Santiago • El Camino Inca • **Vídeo 7** El compañero de piso • **PANAMERICANA** Perú

PÁG. 118

10 TENGO PLANES

Comunicación
• Pedir en el restaurante • Modos de preparación de la comida (**frito/a**...) • Pedir algo que falta • Valorar la comida • Describir algo • Hacer planes, aceptar y rechazar una propuesta • Quedar con alguien

Léxico
• Actividades de tiempo libre • Productos y platos internacionales • El menú del día • Habilidades

Gramática
• **Ir a** + infinitivo • Preposición + pronombre • Frases de relativo con **que** y **donde** • Adjetivos de nacionalidad • El uso de **saber** y **poder** • **Otro/a/os/as** + nombre contable • **Un poco (más) de** + nombre incontable

Cultura
• En el restaurante • La importancia de salir a comer • **Vídeo 8** El grupo • **PANAMERICANA** Chile

PÁG. 132

11 CASA NUEVA, VIDA NUEVA

Comunicación
• Describir una vivienda • Hacer cumplidos y reaccionar • Dar datos biográficos • Hablar sobre sucesos en el pasado • Preguntar por el pasado • Localizar un momento en el pasado • Expresar la cantidad

Léxico
• Las partes de la casa y los muebles • Características de una vivienda • Las etapas de la vida

Gramática
• El pretérito indefinido regular • El pretérito indefinido irregular: **ir** / **ser** • Marcadores temporales para el pretérito indefinido y para el pretérito perfecto

Cultura
• La historia del cacao • **Vídeo 9** Bienvenidos a mi casa • **PANAMERICANA** Argentina

PÁG. 146

12 MIRADOR

Unidad de repaso

Hablamos de cultura: quedar y salir

Aprender a aprender

Terapia de errores

Organizar un juego

CÓMO ES NOS VEMOS HOY

Cada unidad de **NOS VEMOS HOY** se estructura de la siguiente manera:

Una página doble de **portadilla** presenta los objetivos, activa los conocimientos previos e introduce el tema de la unidad.

Tres páginas dobles forman el corazón de la unidad. Contienen textos vivos e informativos para familiarizarse con el idioma y actividades para aplicar de inmediato lo aprendido.

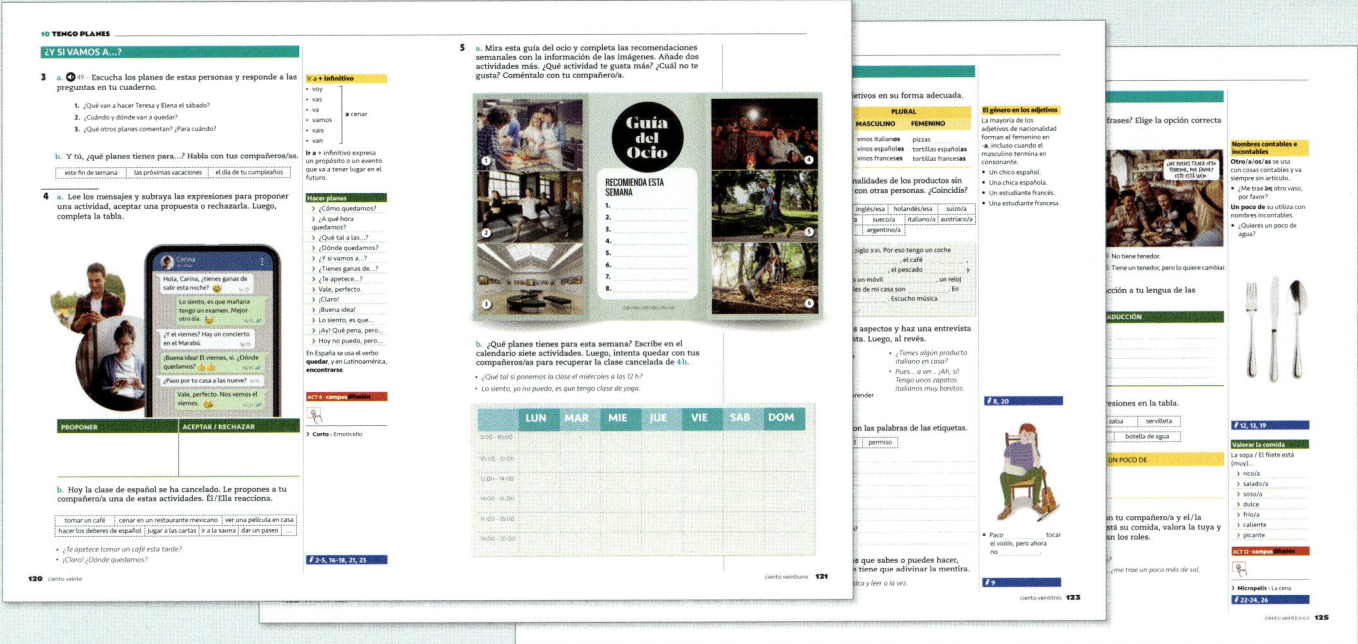

siete **7**

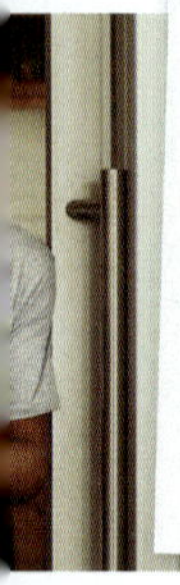

CÓMO ES NOS VEMOS HOY

MENÚ DEL DÍA

PRIMER PLATO
Ensalada mixta
Gazpacho
Arroz a la cubana
Sopa de verdura

SEGUNDO PLATO
Merluza a la plancha
Salmón con espárragos
Chuleta de cerdo con patatas fritas
Pollo asado con verdura

POSTRE
Flan
Crema catalana
Fruta del tiempo
Helado

Pan, bebida y café
20 €

¿OTRA CERVEZA?

11 a. ¿Qué significa otro/a en estas frases? Elige la opción correcta en cada caso.

¿ME TRAES OTRA CERVEZA, POR FAVOR?

¿ME PUEDES TRAER OTRO TENEDOR, POR FAVOR? ESTE ESTÁ SUCIO.

☐ Ya ha tomado una cerveza antes.
☐ Es la primera que pide.

☐ No tiene tenedor.
☐ Tiene un tenedor, pero lo quiere cambiar.

b. Completa la tabla con la traducción a tu lengua de las palabras en negrita.

PEDIR ALGO	TRADUCCIÓN
¿Me trae / Nos trae... **una** cuchara, por favor?	
otro cuchillo, por favor?	
un poco de sal, por favor?	
un poco más de pan, por favor?	

c. Clasifica estas palabras o expresiones en la tabla.

| mantequilla | vaso de vino | salsa | servilleta |
| pan | sal | tenedor | botella de agua |

OTRO/A/OS/AS	UN POCO DE

12 Estás en el restaurante de **10 a** con tu compañero/a y el/la camarero/a. Pregúntale qué tal está su comida, valora la tuya y pide más cosas. Luego, se cambian los roles.

- ¿Qué tal la merluza?
- Está rica, pero un poco fría. ¿Y tu pollo?
- Está un poco soso. Perdone, camarero, ¿me trae un poco más de sal, por favor?
- ◆ Claro, ahora mismo. ¿Algo más?
- Sí, otra copa de vino.

Nombres contables e incontables

Otro/a/os/as se usa con cosas contables y va siempre sin artículo.
- ¿Me trae ~~un~~ otro vaso, por favor?

Un poco de su utiliza con nombres incontables.
- ¿Quieres un poco de agua?

📝 12, 13, 19

Valorar la comida
La sopa / El filete está (muy)...
› rico/a
› salado/a
› soso/a
› dulce
› frío/a
› caliente
› picante

ACT 12 - campusdifusión

› **Micropelis** › La cena

📝 22-24, 26

ACT 10 - campusdifusión

› **Los lex** › En el restaurante A1

Modo de preparación
› frito/a
› asado/a
› al horno
› a la plancha
› a la romana
› muy / poco hecho/a

Pedir en un restaurante
Camarero/a
› ¿Qué desea(n)?
› ¿Qué va(n) a tomar? / ¿Qué va(n) a tomar de primero?
› ¿Va(n) a tomar postre? / ¿Desea(n) postre?

Cliente/a
› Para mí, de primero / de segundo / de postre...
› Yo tomo... / Yo voy a tomar...
› ¿Qué hay de postre?
› ¿Me trae otro/a... / un poco de...?
› La cuenta, por favor. / ¿Me trae la cuenta, por favor?

📝 10, 11, 28, 29

ciento veinticinco **125**

Este manual integra **itinerarios digitales** para completar las unidades. Estos itinerarios ofrecen en **campusdifusión**:

 contenido extra de **NOS VEMOS HOY** (textos mapeados y textos locutados)

 vídeos que apoyan y complementan las explicaciones gramaticales y léxicas (gramaclips, cortos, micropelis, clases de gramática...)

Además, las ayudas laterales de **gramática** y las de **léxico y comunicación** ofrecen a los/as estudiantes, a lo largo de toda la unidad, un cómodo apoyo lingüístico para desarrollar las actividades y las propuestas prácticas de manera eficaz.

📝 1, 2 Estas **remisiones al Cuaderno de ejercicios** informan a los / las estudiantes de qué actividades están asociadas a las propuestas didácticas de las unidades.

8 ocho

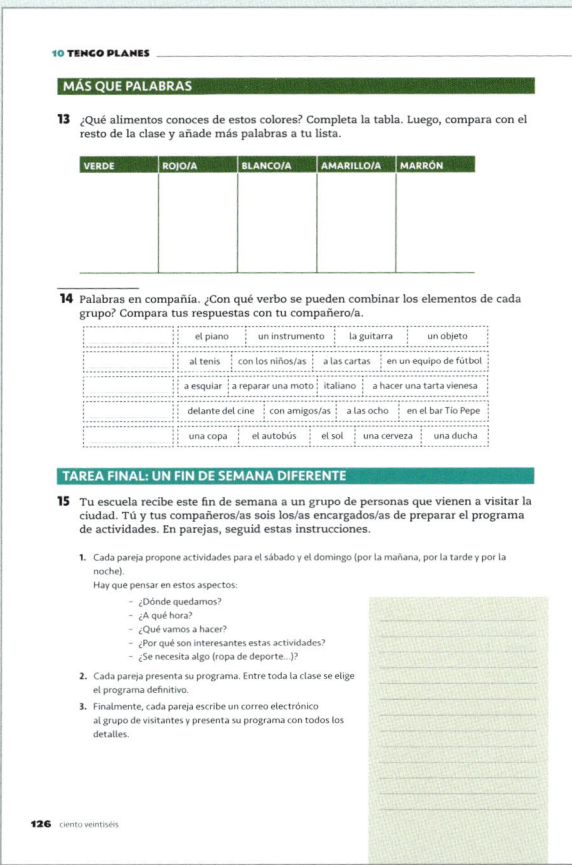

Más que palabras trabaja los recursos comunicativos y el contenido léxico de la unidad. Además, presenta colocaciones léxicas que ayudan a comprender cómo se combinan las palabras en español.

Una **tarea final** servirá para convertir los conocimientos adquiridos en la unidad en algo práctico para la vida real. Junto con sus compañeros/as, **el / la estudiante elaborará un producto** en el que plasmará su competencia comunicativa.

Todas las unidades ofrecen un vídeo, disponible en **campusdifusión**, que complementa el contenido de la unidad al tiempo que nos acerca a la realidad sociocultural de los países de habla hispana.

En el apartado **Panamericana** se realiza un interesante recorrido cultural por gran parte de Latinoamérica.

CÓMO ES NOS VEMOS HOY

La doble página final brinda una recopilación de **recursos comunicativos** y **contenidos gramaticales**.

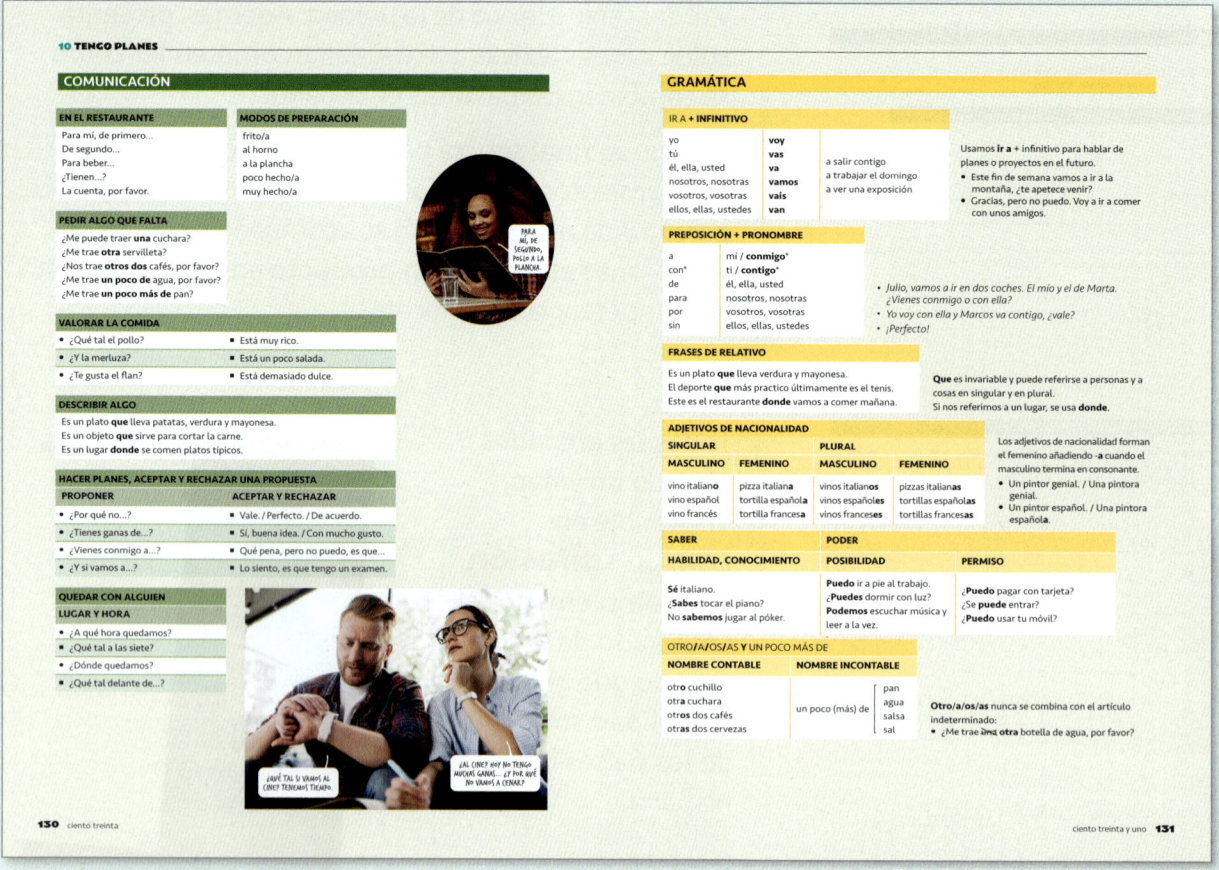

Las unidades 4, 8 y 12 son **unidades de repaso**. Se llaman **Mirador** porque ofrecen una vista global sobre todos los conocimientos lingüísticos y culturales adquiridos. Además, permiten experimentar con las estrategias de aprendizaje y tratar los errores.

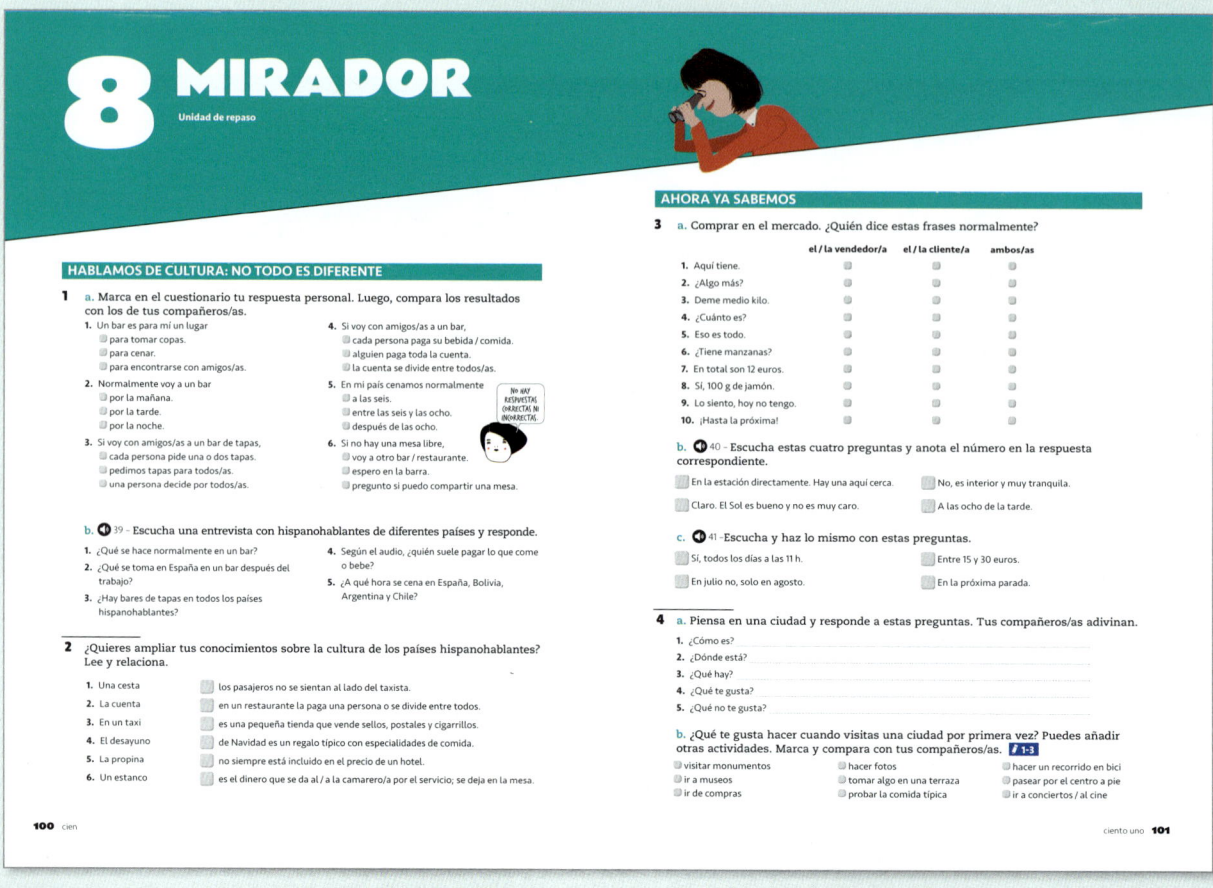

PRIMER CONTACTO

HOLA, ¿CÓMO TE LLAMAS?

1 a. Preséntate a tus compañeros/as.

- Hola, me llamo Alexandra. ¿Y tú? ¿Cómo te llamas?
- Yo me llamo Jonathan.

b. Ahora escribe tu nombre en un papel y ponlo encima de la mesa.

2 🔊 1 – Escucha estos diálogos y marca los saludos y despedidas que oigas.

SALUDOS		DESPEDIDAS	
⬤ Hola.	⬤ Buenos días.	⬤ Adiós.	⬤ ¡Hasta pronto!
⬤ ¿Qué tal?	⬤ Buenas tardes.	⬤ ¡Hasta luego!	⬤ ¡Chao!
⬤ ¿Cómo estás?	⬤ Buenas noches.	⬤ ¡Hasta mañana!	⬤ ¡Nos vemos!

3 a. 🔊 2 – Escucha las letras del abecedario y repite.

A, a	a	**A**lemania	Ñ, ñ	eñe	Espa**ñ**a
B, b	be, be larga	**B**árbara	O, o	o	**O**lga
C, c	ce	**C**uba	P, p	pe	**P**erú
D, d	de	**D**iana	Q, q	cu	**Q**uito
E, e	e	**E**lena	R, r	erre	Costa **R**ica
F, f	efe	**F**rancia	S, s	ese	**S**evilla
G, g	ge	**G**uatemala	T, t	te	**T**eresa
H, h	hache	**H**onduras	U, u	u	**U**ruguay
I, i	i	**I**talia	V, v	uve, ve corta	**V**enezuela
J, j	jota	**J**osé	W, w	uve doble	**W**endy
K, k	ka	**K**ike	X, x	equis	**M**éxico
L, l	ele	**L**ima	Y, y	ye, i griega	**Y**ucatán
M, m	eme	**M**álaga	Z, z	zeta	**Z**aragoza
N, n	ene	**N**acho			

b. Clasifica las palabras de la tabla anterior según las siguientes categorías. Luego, compara tus respuestas con el resto de la clase.

Nombre de persona	País	Ciudad

once **11**

1 VIAJE AL ESPAÑOL

Comunicación
- Saludar y despedirse
- Preguntar por el nombre
- Presentarse y reaccionar
- Preguntar por el significado
- Los números hasta 10
- Hablar de los motivos para estudiar español

Léxico
- Nombres y apellidos
- Saludos y despedidas
- Las letras
- Palabras de origen latino, árabe, indígena, inglés
- Lenguas
- Países
- Motivos para estudiar español

Gramática
- La pronunciación
- El artículo determinado
- El género y el número en los nombres
- Los pronombres personales
- El tratamiento (**tú** / **usted**)
- Los verbos regulares terminados en **-ar**

Cultura
- Personas famosas del mundo hispanohablante
- El origen de las palabras
- **Vídeo 1** Me presento
- **PANAMERICANA** De norte a sur

naturaleza
guitarra adiós cultura
México carnaval
historia fiesta sangría
hola tomate
salsa
tacos Latinoamérica
paella ruinas mayas
chocolate fútbol tango
Argentina playa fruta
tortilla cacao
Colombia
café
mate tapas
España Perú
música sol vale
Cuba

1

a. Lee estas palabras en español. ¿Cuáles conoces?

b. 🔊 3 – Escucha y marca en la nube de palabras las que se mencionan.

c. Relaciona las palabras con las fotografías.
- Uno: naturaleza, Latinoamérica…

d. ¿Conoces otras palabras en español?

Los números hasta 10	
› 0 cero	› 6 seis
› 1 uno	› 7 siete
› 2 dos	› 8 ocho
› 3 tres	› 9 nueve
› 4 cuatro	› 10 diez
› 5 cinco	

✏ 4, 13

trece **13**

1 VIAJE AL ESPAÑOL

ME LLAMO MARÍA JOSÉ

2 a. ¿Conoces a estas personas con sus apellidos completos? ¿Cómo son conocidos? ¿Conoces a otras personas famosas del mundo hispanohablante?

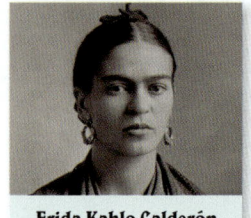
Frida Kahlo Calderón

Pablo Ruiz Picasso

Gabriel García Márquez

Penélope Cruz Sánchez

- *Rigoberta Menchú Tum es muy famosa también.*

b. 🔊 4-6 – ¿Cómo se llaman estas tres personas? Escucha y relaciona.

NOMBRE	APELLIDO 1	APELLIDO 2
☐ Alejandro	☐ García	☐ Alonso
☐ Ana María	☐ Gómez	☐ Álvarez
1 Antonio	☐ González	☐ Díaz
☐ Carmen	☐ López	☐ Gutiérrez
☐ Cristina	☐ Martín	☐ Hernández
☐ Francisco	☐ Martínez	☐ Jiménez
☐ Javier	☐ Pérez	☐ Moreno
☐ Manuel	☐ Rodríguez	☐ Romero
☐ María José	☐ Sánchez	☐ Ruiz

Apellidos en español

En España y en Latinoamérica las personas tienen, generalmente, dos apellidos. El primero corresponde normalmente al padre y el segundo a la madre, aunque en algunos países este orden puede variar. Además, las mujeres mantienen sus apellidos cuando se casan.

3 a. Mi identidad española. Crea tu nueva identidad con nombres y apellidos de la lista anterior.

Me llamo...

b. Conoce a tus compañeros/as. Para ello, debes presentarte con tu nueva identidad, preguntar su nombre y despedirte.

- *Hola, ¿cómo te llamas?*
- *Me llamo Ana María López Moreno. ¿Y tú?*
- *Me llamo Antonio Pérez Díaz.*
- *Hasta luego.*
- *Adiós.*

Saludos y despedidas

Saludos
> Hola.
> Buenos días.
> ¿Qué tal?
> ¿Cómo te llamas?

Despedidas
> Adiós.
> Hasta luego.
> Hasta pronto.

✏ 1-3, 12, 14, 15-17

¿CÓMO SE PRONUNCIA?

4   a. 🔊 7 – Escucha estos nombres y marca las letras que tienen una pronunciación diferente en tu lengua.

- Mallorca
- Cristina Sánchez
- José Jimeno
- Gerardo García
- Zaragoza
- Ecuador
- Roberto Rodríguez
- Antonio Muñoz
- Chile
- Honduras
- María Moreno
- Quito

ACT 4 a - campusdifusión

› **Clases de pronunciación** ›
Los sonidos

› **Cápsulas de fonética** ›
Vocales

La c, la z y la s

En Latinoamérica y en algunas regiones del sur de España la **c** delante de **e**, delante de **i** y la **z** se pronuncian como una **s**.

b. 🔊 8 – Escucha y lee los nombres. Luego completa según las reglas de pronunciación.

Hilda	**Ch**ema	Eloy	Ma**rí**a	**Ga**briel	**Ce**lia
Gema	**Ca**rmen	Pa**qui**ta	Mi**gue**l	To**ñi**	**Gui**llermo
Yolanda	Al**be**rto	**Ro**sa	**Zu**lema	**Ju**lia	E**va**

C		• delante de **a**, **o**, **u** se pronuncia fuerte, como en inglés *car* • delante de **e**, **i** se pronuncia suave, como **th** en *thing*
CH		• como en inglés *cherry*
G		• delante de **a**, **o**, **u** se pronuncia suave, como en inglés *good* • en la combinación **gue**, **gui** no se pronuncia la **u** y la **g** se pronuncia suave • delante de **e**, **i** se pronuncia fuerte, como **ch** en alemán *Bach*
H		• no se pronuncia
J		• se pronuncia fuerte, como **ch** en alemán *Bach*
LL		• se pronuncia suave, como en inglés *you*
Ñ		• se pronuncia como **gn** en *cognac*
QU		• delante de **e**, **i** se pronuncia fuerte, como en inglés *car*; la **u** no se pronuncia
R		• se pronuncia fuerte a principio de palabra y cuando es doble **rr** (**carro**) • se pronuncia suave cuando va entre vocales o antes de otra consonante
B, V	,	• se pronuncian igual, como en inglés *blue*
Y		• con vocal se pronuncia suave, como en inglés *you* • a final de palabra se pronucia como **i**
Z		• se pronuncia suave, como **th** en inglés *thing*

c. ¿Cómo se pronuncian estas palabras? Practica la pronunciación y lee las palabras en cadena con tus compañeros/as.

la organización	el concierto	la tortilla
la información	la guitarra	el teatro
la universidad	el español	la paella
el chocolate	el quiosco	la playa
la geografía	la música	el hotel

📝 5, 6, 26, 27

1 VIAJE AL ESPAÑOL

¿PARA QUÉ ESTUDIAS ESPAÑOL?

5 a. 🔊 9 - ¿Para qué estudian español estas personas? Escucha y marca los motivos.

1. ⬜ para hablar con la familia de mi pareja.
2. ⬜ para trabajar en un hotel en Tenerife.
3. ⬜ para pasar las vacaciones en Málaga.
4. ⬜ para comprar una finca en Mallorca.
5. ⬜ para hablar con colegas españoles/as.
6. ⬜ para escuchar música cubana.
7. ⬜ para viajar a Latinoamérica.
8. ⬜ para estudiar en España.
9. ⬜ para trabajar en México.
10. ⬜ para visitar Barcelona.

b. Relaciona los motivos de **5a** con las siguientes imágenes.

c. ¿Qué motivos de **5a** son personales y cuáles son profesionales? Coméntalo con un/a compañero/a.

- *Visitar Barcelona es personal.*

6 Completa la tabla de los verbos regulares terminados en -ar.

	ESTUDIAR	HABLAR
yo	estudi**o**	
tú		habl**as**
él, ella, usted	estudi**a**	
nosotros, nosotras	estudi**amos**	
vosotros, vosotras	estudi**áis**	
ellos, ellas, ustedes	estudi**an**	

✏ 25

ACT 6 - campusdifusión

> **Gramaclips** › Los pronombres sujeto

✏ 20-22

VÍDEO ▶

▶ 1 – ME PRESENTO

Antes de ver el vídeo

1 Relaciona la información de las dos columnas.

a. Hola.
b. Me llamo Julia.
c. Jota, u, ele, i, a.
d. Estudio español para viajar por Latinoamérica.
e. Para mí, naturaleza.

1. Decir el nombre.
2. Una palabra importante en español.
3. Motivos para estudiar español.
4. Saludar.
5. Deletrear el nombre.

Vemos el vídeo

2 En el vídeo se presentan dos personas, una chica y un chico. Completa las preguntas después de verlo.

Chica

¿Cómo se llama?

¿Para qué estudia español?

¿Qué palabra es importante en español para ella?

Chico

¿Cómo se llama?

¿Para qué estudia español?

¿Qué palabra es importante en español para él?

Después de ver el vídeo

3 Ahora, si quieres, graba tú un vídeo similar.

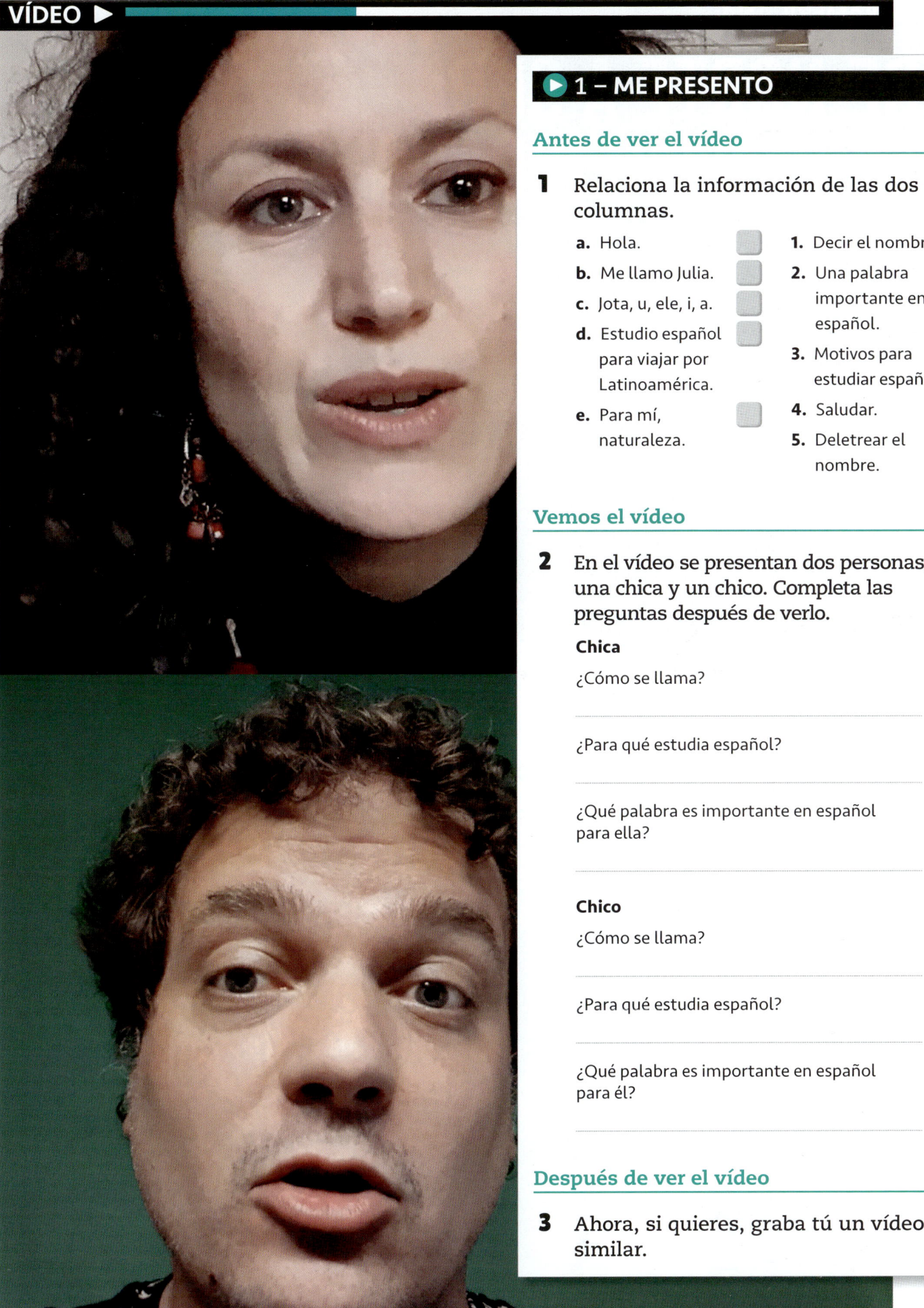

1 VIAJE AL ESPAÑOL

PANAMERICANA

DE NORTE A SUR: LA PANAMERICANA

1. Lee el texto y marca las palabras que no entiendes. Coméntalas en clase.

2. 14 – Escucha y marca en el mapa los países que se mencionan.

3. a. 14 – Escucha otra vez y relaciona las fotos con los países.

   ☐ El Salvador   ☐ Panamá
   ☐ Honduras   ☐ Chile
   ☐ Nicaragua   ☐ Argentina

   b. ¿Qué países de la Panamericana te gustaría conocer? ¿Por qué?

   PANAM - campusdifusión   ✏ 24

   ▤ Texto mapeado
   🔊 Texto locutado

La Panamericana es una ruta fascinante por el continente americano de casi cincuenta mil kilómetros de largo, que une casi todos los países del continente. De norte a sur, desde Alaska hasta Argentina, esta ruta pasa por 17 países, cuatro zonas climáticas, sistemas ecológicos muy diversos (desde selvas a glaciares) y culturas muy diferentes con sus lenguas, su música, su gastronomía y sus paisajes impresionantes. En cada unidad de **Nos vemos hoy** conoceremos una etapa de esta ruta.

5

4

6

veintitrés **23**

1 VIAJE AL ESPAÑOL

COMUNICACIÓN

SALUDOS	DESPEDIDAS
Hola.	Adiós.
Buenos días.	Hasta luego.
Buenas tardes.	Hasta pronto.
Buenas noches.	Hasta mañana.

		PREGUNTAR POR EL NOMBRE	PRESENTARSE Y REACCIONAR	
INFORMAL	tú	• ¿Cómo te llamas?	• Me llamo Julia, ¿y tú?	• Soy Lorenzo.
	vosotros/as	• ¿Cómo os llamáis?	• Yo me llamo Rosa y él Juan.	• Yo me llamo Antonia.
FORMAL	usted	• ¿Cómo se llama (usted)?	• Me llamo Eva Santos, ¿y usted?	• Me llamo Pau Gómez.
	ustedes	• ¿Cómo se llaman (ustedes)?	• Me llamo Eva Santos y él es Pablo Gómez.	• Yo soy Marina Galeano, encantada.

PREGUNTAR POR EL SIGNIFICADO

- ¿Qué significa **aceite**?
- Significa...
- ¿**Aceite** significa...?
- Sí. / No. / No sé.

LOS NÚMEROS HASTA 10

0 cero	**4** cuatro	**8** ocho
1 uno	**5** cinco	**9** nueve
2 dos	**6** seis	**10** diez
3 tres	**7** siete	

HABLAR DE LOS MOTIVOS PARA ESTUDIAR ESPAÑOL

- Yo estudio español para viajar a Guatemala.
- Y yo, para hablar con mi pareja.

GRAMÁTICA

LA PRONUNCIACIÓN

C	delante de **e**, **i** como *thing*, el resto como **k**	G	delante de **e**, **i** como *Bach* en combinación con **gue**, **gui** la **u** no se pronuncia y la **g** es suave el resto como *gap*	LL	como *you*	Y	como *you* al final de la palabra, como **i**	R	fuerte al inicio de palabra o cuando es doble (**perro**) suave entre vocales o antes de consonante (**pero**)
CH	como *cherry*	J	como **ch** en *Bach*	Ñ	como *cognac*	Z	como *thing*	Q	como **k**

EL ARTÍCULO DETERMINADO

	MASCULINO	FEMENINO
SINGULAR	**el** teatro	**la** palabra
PLURAL	**los** teatros	**las** palabras

EL GÉNERO DE LOS NOMBRES

MASCULINO	FEMENINO
el teatro	la paella
el flamenco	la playa
el señor	la señora
el chocolate	la noche
el hotel	la universidad

En español, los nombres son masculinos o femeninos, no existe un género neutro. Los nombres terminados en **-o** son generalmente masculinos y los acabados en **-a**, **-ción** y **-dad** son generalmente femeninos. Existen algunas excepciones, por ejemplo, **el día**, **el problema**, **la foto**. Los nombres terminados en **-e** o en consonante pueden ser masculinos o femeninos.

EL NÚMERO DE LOS NOMBRES

	VOCAL + -S		CONSONANTE + -ES		
SINGULAR	teatro	playa	universidad	hotel	región
PLURAL	teatro**s**	playa**s**	universidad**es**	hotel**es**	region**es**

LOS PRONOMBRES PERSONALES

yo
tú
él, ella, usted
nosotros, nosotras
vosotros, vosotras
ellos, ellas, ustedes

EL TRATAMIENTO

INFORMAL		FORMAL	
TÚ	• ¿Habl**as** español?	USTED	• ¿Habl**a** (usted) español?
VOSOTROS/AS	• ¿Estudi**áis** inglés?	USTEDES	• ¿Estudi**an** (ustedes) inglés?

LOS VERBOS REGULARES TERMINADOS EN -AR

	ESTUDIAR
yo	estudi**o**
tú	estudi**as**
él, ella, usted	estudi**a**
nosotros, nosotras	estudi**amos**
vosotros, vosotras	estudi**áis**
ellos, ellas, ustedes	estudi**an**

Los pronombres personales se usan solo cuando queremos resaltar la persona o para evitar confusiones. Para el trato formal se usa **usted** cuando nos dirigimos a una sola persona y **ustedes** cuando nos dirigimos a más de una persona. En Latinoamérica no se usa **vosotros**, **vosotras**; incluso cuando se tutea a varias personas, se usa **ustedes**.

2 PRIMEROS CONTACTOS

Comunicación
- Deletrear
- Presentarse, preguntar por el estado y reaccionar
- Saludar y despedirse
- Hablar del lugar de origen
- Preguntar por los datos personales y responder
- Preguntar por la profesión, el lugar de trabajo y responder
- Negar una afirmación

Léxico
- El alfabeto
- Saludos y despedidas
- Las profesiones
- Lugares de trabajo
- Caracteres especiales (arroba, guion…)

Gramática
- El artículo indeterminado
- El género en las profesiones
- La negación
- Los verbos regulares terminados en -**er**, -**ir**
- Los verbos **tener** y **ser** en presente

Cultura
- **Vídeo 2** Personalidades latinas
- **PANAMERICANA** México

BILBAO
PALACIO DE CONGRESOS

I CONGRESO INTERNACIONAL
DIGITALIZACIÓN Y CAMBIOS EN EL MUNDO DEL TRABAJO

28/29 MARZO

1

a. Mira este anuncio y responde: ¿qué tipo de evento anuncia? ¿Dónde y cuándo es? ¿Sobre qué es? ¿Para ti es interesante?

b. ¿Qué profesiones crees que aparecen en las fotografías? Luego, compara tus respuestas con las de otra persona.

c. 🔊 15 – Una de las personas de las fotografías se presenta. ¿Quién es? Luego, escucha otra vez y marca las frases correctas.

- ☐ Soy cubana.   ☐ Soy peruana.
- ☐ Vivo en Pamplona.   ☐ Vivo en Gerona.
- ☐ Trabajo en un hotel.   ☐ Trabajo en un hospital.

2 PRIMEROS CONTACTOS

MUCHO GUSTO

2   a. Lee estas conversaciones entre personas que están en el congreso sobre digitalización y trabajo. ¿En qué caso las personas hablan entre ellas por primera vez?

- Buenas tardes, **soy** Nuria Ribas, la organizadora del congreso.
- **Mucho gusto**, señora Ribas. Soy Marc Martí.
- **Encantada**. ¿**Es usted de** Cataluña?
- Sí.
- Ah, yo también. ¿**De dónde es** usted?
- De Tarragona.
- Pues **yo soy de** Barcelona.

1

- Hola, Antonio. **¿Cómo estás?**
- **Bien**, gracias. Y tú, Ricardo, **¿qué tal?**
- **Muy bien**. Oye, tú **eres de** aquí, de Bilbao, ¿verdad?
- Sí, sí...

2

- Hola, **¿qué tal? Soy** Margarita Fuentes.
- **Encantado**. Me llamo Gabriel Vargas.
- Y yo **soy** Ana Segura. ¿**De dónde eres**, Margarita?
- De Salamanca. ¿Y vosotros?
- Nosotros **somos de** Guadalajara, México.

3

> **Responder a una presentación**
>
> **Encantado** se usa cuando habla _____,
> **encantada** cuando habla _____.
>
> **Mucho gusto** funciona en los dos casos.

b. Fíjate en las palabras en negrita. ¿Cómo expresas lo mismo en tu lengua?

c. Lee de nuevo las conversaciones de 2 a y completa la tabla.

PREGUNTAR		RESPONDER
FORMAL	INFORMAL	FORMAL / INFORMAL
• ¿Cómo está usted?	• _____ • ¿Qué tal?	• Muy bien, gracias. • Bien, gracias, ¿y tú / usted?
• ¿De dónde es usted? • ¿Es usted de Cataluña?	• _____ • ¿Eres de Bilbao?	• Soy de Salamanca / Bilbao. • Sí. / No, soy de Guadalajara.

d. 🔊 16 – Escucha las conversaciones y represéntalas con tu compañero/a. Podéis cambiar los nombres y los lugares de origen.

3 Pregunta a cinco compañeros/as cómo están y de dónde son. ¿Quién es de más lejos?

- ¿De dónde eres, Jason?
- Soy de Gales, ¿y tú?

📘 1, 2, 7

ACT 4 - campusdifusión

> **Gramaclips** › Ser y estar
>
> **Ser**
>
> | soy | somos |
> | eres | sois |
> | es | son |

4 Mira las formas del verbo **ser** y completa las frases.
1. Nuria Ribas _____ la organizadora.
2. Me llamo Margarita y _____ de Salamanca.
3. Antonio y Ricardo _____ de Bilbao.
4. Tú _____ de aquí, ¿verdad?
5. ¿Marc y tú _____ de Tarragona?
6. Ana y yo _____ de Guadalajara.

¿CÓMO SE ESCRIBE?

5 a. Con tu compañero/a, escribe una palabra para cada letra. Si hay más de una pronunciación posible, escribe una palabra para cada una. Luego, compara tus palabras con el resto de la clase.

A		B		C	
D		E		F	
G		H		I	
J		K		L	
M		N		Ñ	
O		P		Q	
R		S		T	
U		V		W	
X		Y		Z	

Deletrear
> **é** e con acento
> **ü** u con diéresis
> **M** eme mayúscula
> **m** eme minúscula

En Latinoamérica
> **b** be larga
> **v** ve corta

ACT 5a - campusdifusión

> **Clase de pronunciación ›**
La erre

> **Clase de pronunciación ›**
La ere

✏ 28

b. 🔊 17 – Escucha, anota las letras y descubre las palabras. Luego compara con un/a compañero/a.

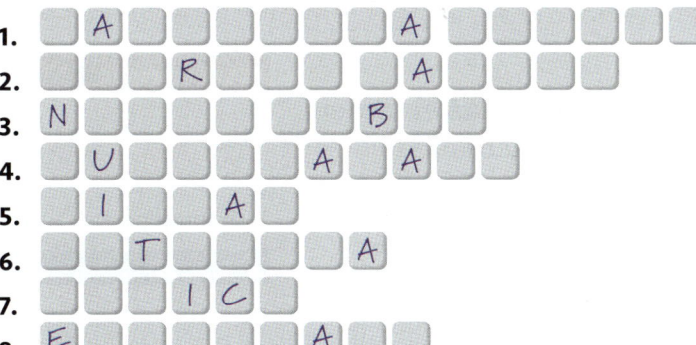

1. _ A _ _ _ _ _ _ A _ _ _ _ _ _ S
2. _ _ _ R _ _ _ _ _ A _ _ _ _
3. N _ _ _ _ _ B _ _
4. _ _ U _ _ _ A _ A _
5. _ I _ _ A
6. _ _ T _ _ _ _ A
7. _ _ _ I C _
8. E _ _ _ _ _ _ A _ _

6 a. Deletrea a tu compañero/a tu nombre y apellidos o el nombre español que elegiste en la **Unidad 1**.

- Me llamo Antonio Jiménez.
- ¿Cómo se escribe el apellido?
- Jota, i, eme, e con acento, ene, e, zeta.

b. Piensa en una palabra difícil para ti en español y deletréala. Quien la adivina antes puede deletrear la siguiente palabra.

- Cu, u, i, o, ese, ce, o.
- ¿Quiosco?
- ¡Sí!
- ¿Quiosco...? ¿Qué significa? ¡No me acuerdo!

✏ 3, 4

¿Cómo se escribe?
- ¿Jiménez se escribe con ge?
- No, con jota.
- ¿Con acento en la e?
- Sí, con acento.

2 PRIMEROS CONTACTOS

PROFESIONES

7 a. Estas son algunas de las profesiones mejor valoradas en España. Escribe cada una debajo de la imagen correspondiente.

fontanero/a	informático/a	arquitecto/a	veterinario/a
médico/a	profesor/a	escritor/a	enfermero/a

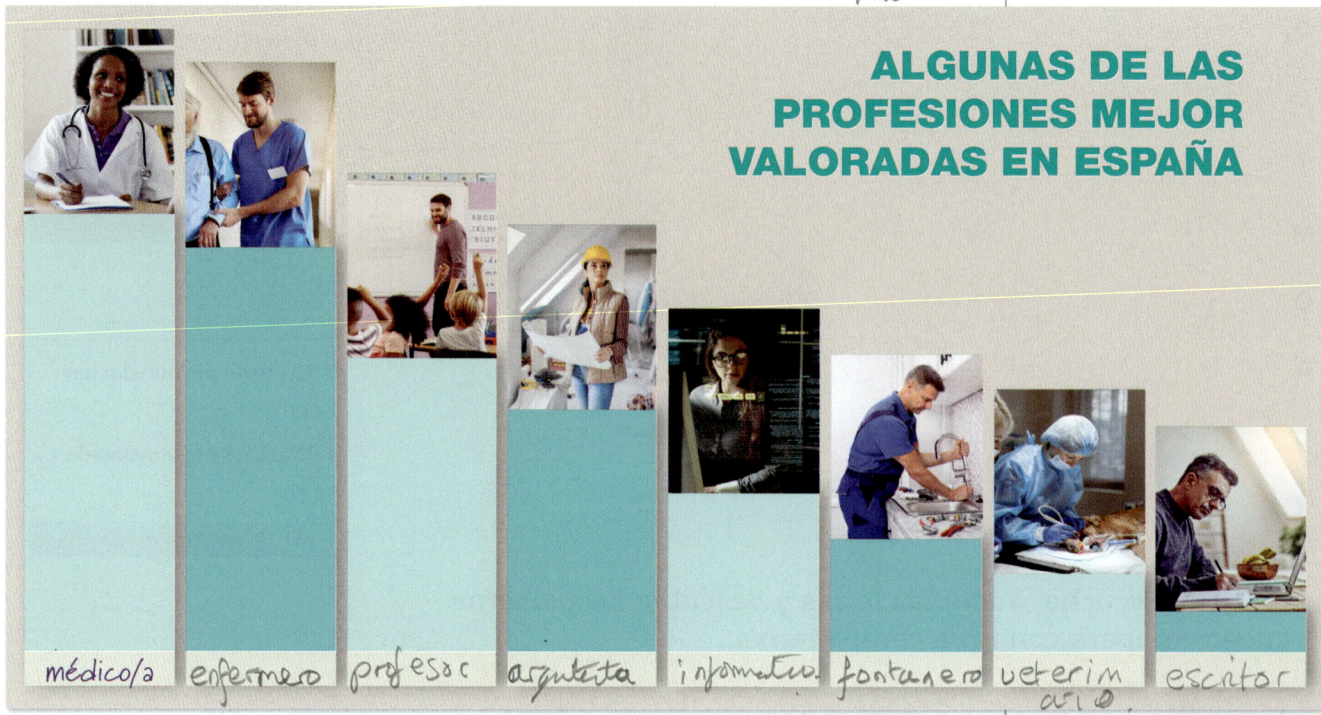

ALGUNAS DE LAS PROFESIONES MEJOR VALORADAS EN ESPAÑA

b. Y tú, ¿cómo valoras estas profesiones? Organízalas en orden de preferencia. Luego, coméntalo con tus compañeros/as.

- *Para mí el orden es: profesor/a, escritor/a...*

c. ¿Cuáles son tus profesiones preferidas? Haz una lista y, luego, compártela con el resto de la clase. Anotad las profesiones en la pizarra.

- *Mis profesiones preferidas son: cantante...*

d. Añade una profesión a cada grupo.

-O → -A	-OR → -ORA	MASCULINO Y FEMENINO
enfermero, enfermera	profesor, profesora	dentista
empleado, empleada	pintor, pintora	policía
camarero, camarera	director, directora	representante

ACT 7 b - campusdifusión

> **Gramaclips** › Los artículos I

📄 5, 6, 20

El género en las profesiones

Muchos nombres de profesiones tienen una forma masculina y otra femenina (**peluquero**, **peluquera**). Los nombres terminados en **-ista**, **-ía**, **-e** sirven para los dos géneros, como **economista**, **policía** o **cantante**, pero algunas profesiones que en masculino terminan en **-e** tienen una forma femenina en **-a**, como **presidente**, **presidenta**.

8 Piensa en una profesión y en el lugar donde se realiza. El resto de la clase intenta adivinarla con preguntas sobre el lugar de trabajo. Solo puedes responder sí o no.

- *¿Trabajas en un hospital?*
- *No.*
- *¿En un taller?*
- *Sí.*
- *¿Eres mecánico?*

9 a. Pregunta a tres personas de la clase por su profesión y anota las respuestas.

b. Presenta los resultados.

- *David es informático. Trabaja en una empresa internacional.*

¿TIENES CORREO ELECTRÓNICO?

10 a. 🔊 18 – Escucha y completa los datos de Sofía.

Nombre:
Correo electrónico:
Teléfono:

b. Levántate y pregunta a cinco compañeros/as por su teléfono y su correo electrónico. Anota las respuestas.

- *¿Cuál es tu teléfono?*
- *Es el 2, 4, 5, 6, 7, 7, 8.*
- *¿Tienes correo electrónico?*
- *Sí, es rose@nosvemoshoy.com.*

11 Pregunta a tus compañeros/as si tienen las cosas de la lista. Luego, presenta dos cosas que tenéis en común.

amigos/as españoles/as	una guitarra eléctrica	un libro favorito
un diccionario de español	perfil en una red social	coche o moto
mucho tiempo libre	una profesión preferida	casa propia

- *Laura y yo tenemos un libro favorito, pero ella tiene casa propia y yo no.*

Lugares de trabajo
- un hospital
- una fábrica
- un supermercado
- un restaurante
- una escuela
- un taller
- un hotel
- un bar
- un estudio
- un despacho
- una tienda

Preguntar por la profesión y responder
- ¿Qué haces? / ¿A qué te dedicas?
- ¿Dónde trabajas?
- Soy programador/a.
- Estudio Medicina.
- Estoy jubilado/a.
- Trabajo en una escuela.

Caracteres especiales
- @ arroba
- . punto
- - guion
- _ guion bajo

En España
- el móvil

En Latinoamérica
- el celular

Datos personales
- ¿Cuál es tu teléfono?
- ¿Cuál es tu número de móvil?
- ¿Tienes correo electrónico?

📝 8, 9, 22, 23

Tener
tengo
tienes
tiene
tenemos
tenéis
tienen

treinta y uno **31**

2 PRIMEROS CONTACTOS

TENGO UN TRABAJO INTERESANTE

12 **a.** Lee el texto y completa los datos. ¿Conoces a alguien con el mismo trabajo? Si trabajas, ¿tu trabajo y el de Verónica tienen cosas en común?

Me llamo Verónica Borja Martínez. Soy de Valencia, pero ahora vivo en Sevilla. Trabajo en La Casa de la Música, una empresa del sector musical. Es un trabajo interesante porque siempre aprendo cosas nuevas. Principalmente, organizo conciertos: reservo hoteles, busco salas para los conciertos, tengo contacto con músicos… En mi trabajo es importante hablar inglés. También hablo un poco de italiano y de alemán.

Además, soy la representante de la empresa en el congreso sobre la digitalización y mañana viajo a Bilbao. En mi trabajo es muy importante la tecnología. Por supuesto, escribo muchos correos electrónicos, pero también uso muchas aplicaciones diferentes: para programar actividades, para vender entradas…

Nombre: Verónica

Apellidos:

Lugar de nacimiento:

Lugar de residencia:

Idiomas:

Actividades en el trabajo:

ACT 12 a - campusdifusión

- Texto mapeado
- Texto locutado
✏ 26, 27

b. Subraya en el texto las actividades que hace Verónica. ¿Cuál es la terminación de los verbos en primera persona?

c. Completa la tabla. Luego, compara los verbos terminados en -er y en -ir. ¿Qué formas tienen las mismas terminaciones? ¿Cuáles son diferentes?

	APRENDER	VIVIR
yo		
tú	aprend**es**	viv**es**
él, ella, usted	aprend**e**	viv**e**
nosotros, nosotras	aprend**emos**	viv**imos**
vosotros, vosotras	aprend**éis**	viv**ís**
ellos, ellas, ustedes	aprend**en**	viv**en**

ACT 12 b - campusdifusión

› **Micropelis** › Los candidatos

✏ 10, 11

13 **a.** Escribe dos frases verdaderas y dos falsas sobre Verónica basándote en el texto de **12 a**.

ser	entradas	música	inglés	piano
hablar	francés	alemán	programas de cultura	
organizar	italiano	cámaras de foto	idiomas	
vivir	secretaria	de Valencia	profesora	
aprender	conciertos	guitarra	pianista	congresos
vender	español	en Málaga	en Sevilla	

b. Lee tus frases. Los/as demás corrigen la información falsa.

- Verónica organiza congresos.
- No, organiza conciertos.

La negación

No se coloca siempre delante del verbo.
- Verónica **no** es profesora.
- ¿Hablas francés?
- **No**, **no** hablo francés.

✏ 12, 13

ACT 13 b - campusdifusión

› **Cápsulas de fonética** ›
Enlaces de palabras

¿DÓNDE TRABAJAS?

14 Completa este folleto con la forma correcta de los verbos.

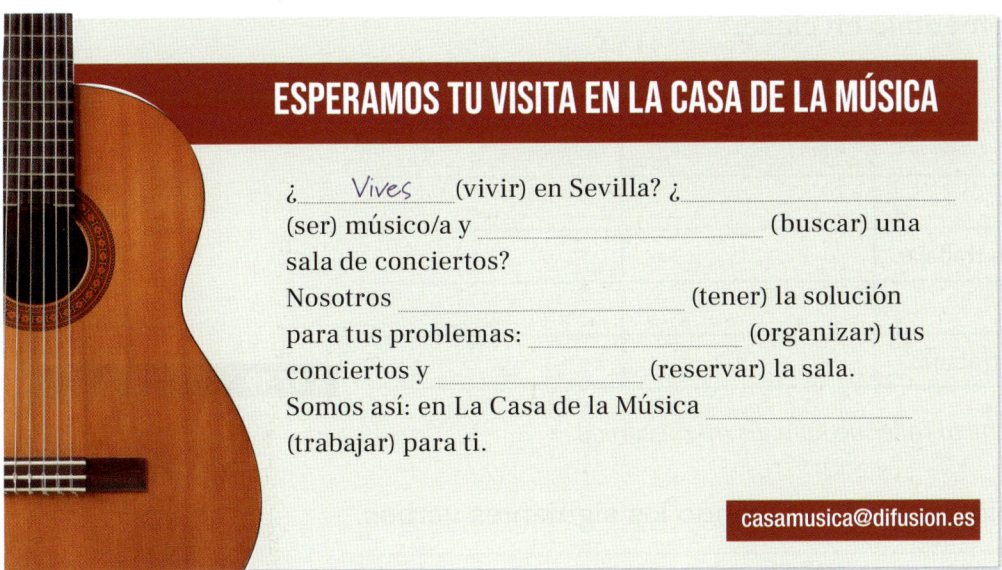

ESPERAMOS TU VISITA EN LA CASA DE LA MÚSICA

¿ _Vives_ (vivir) en Sevilla? ¿_____ (ser) músico/a y _____ (buscar) una sala de conciertos?
Nosotros _____ (tener) la solución para tus problemas: _____ (organizar) tus conciertos y _____ (reservar) la sala.
Somos así: en La Casa de la Música _____ (trabajar) para ti.

casamusica@difusion.es

Hablar
hablo	hablamos
hablas	habláis
habla	hablan

Comer
como	comemos
comes	coméis
come	comen

Subir
subo	subimos
subes	subís
sube	suben

15 Lee de nuevo el texto de **12 a** y escribe las preguntas correspondientes a estas respuestas. Luego compara con tu compañero/a.

- _____
- *Verónica Borja Martínez.*
- _____
- *En Sevilla.*
- _____
- *Trabajo en una empresa del sector musical.*
- _____
- *La Casa de la Música.*
- _____
- *Sí, inglés y un poco de italiano y de alemán.*

Hacer preguntas
> ¿Qué...?
> ¿Dónde...?
> ¿De dónde...?
> ¿Cómo...?
> ¿Cuál...?
> ¿Quién...?

Ortografía
Delante de palabras que empiezan con **i / hi**, la **y** se convierte en **e**.
- Inglés **e** italiano.

📝 14-16, 21-24

16 ¿Quién es quién? Lee las siguientes frases y completa la tabla. Luego, compara tus respuestas con el resto de la clase.

1. Antonio es de Caracas.
2. Guadalupe trabaja en un hotel internacional.
3. El ingeniero se llama García Ruiz.
4. La recepcionista es de Buenos Aires y se llama Palaoro de apellido.
5. Pilar estudia en la universidad de Granada.
6. La estudiante se llama Gómez Moreno.

NOMBRE Y APELLIDOS	PROFESIÓN	CIUDAD

2 PRIMEROS CONTACTOS

MÁS QUE PALABRAS

17 **a.** ¿Conoces a personas de las que puedes decir estas cosas? Escribe su nombre y cuál es su profesión. Si no conoces a nadie, simplemente escribe el nombre de una profesión. Luego, coméntalo en clase.

	Nombre	Profesión
Trabaja en un taller.	Julio	mecánico
Trabaja en casa.		
No usa un ordenador para trabajar.		
Vende cosas.		
Habla otro idioma en el trabajo.		

🖉 17-19

- *Yo siempre llevo mi coche al taller de Julio. Es mi mecánico.*

b. Escribe información sobre ti utilizando los siguientes verbos.

| soy | vivo | trabajo | hablo | aprendo |

TAREA FINAL: COMPAÑEROS/AS DE CLASE

18 **a.** Habla con dos compañeros/as de la clase y completa las fichas.

Nombre:
Apellidos:
Profesión:
Lugar de residencia:
Idiomas:
Estudia español para:
Correo electrónico:
Teléfono:

Nombre:
Apellidos:
Profesión:
Lugar de residencia:
Idiomas:
Estudia español para:
Correo electrónico:
Teléfono:

b. Resume la información sobre una de las personas de **18a** en un breve texto.

VÍDEO ▶

▶ 2 – PERSONALIDADES LATINAS

Antes de ver el vídeo

1 ¿Qué famosos o famosas del mundo latino conoces? ¿En qué disciplinas destacan? Haz una lista y coméntala con el resto de la clase.

Vemos el vídeo

2 Marca en qué orden se mencionan las categorías en las que destacan las personalidades latinas del vídeo.

- ☐ futbolistas
- ☐ activistas
- ☐ chefs
- ☐ cantantes
- ☐ celebridades de las redes sociales

3 Responde verdadero (V) o falso (F), según la información del vídeo.

	V	F
a. Un/a activista es una persona que trabaja para tener un mundo mejor.	☐	☐
b. Nemonte Nenquimo es una activista feminista indígena.	☐	☐
c. Shakira, J Balvin y Maluma son clásicos de la música latinoamericana.	☐	☐
d. Gabriela Cámara y José Andrés combinan labores humanitarias con su trabajo como chefs.	☐	☐
e. Luis Suárez es el latino con más seguidores en Instagram.	☐	☐
f. Lele Pons es una venezolana muy famosa.	☐	☐

Después de ver el vídeo

4 ¿Sigues a algún o alguna *youtuber*? ¿De qué temas habla?

5 ¿Quiénes son las personalidades más influyentes de tu país en los últimos años? ¿En qué destacan? Coméntalo con tus compañeros/as.

2 PRIMEROS CONTACTOS

PANAMERICANA
MÉXICO

¡Hola! Me llamo Víctor y soy mexicano, de Ciudad de México, la capital. Ahora vivo en Bélgica y trabajo en la Universidad Popular. Soy profesor de español para extranjeros.

México limita al norte con Estados Unidos y al sur con Guatemala y Belice. Es uno de los países más poblados del mundo, con más de 129 millones de personas. En México hablamos español, pero también existen unas 60 lenguas indígenas, por ejemplo, el náhuatl, de donde vienen algunas palabras como **tomate** y **cacao**.

La comida mexicana es excelente: los tacos, el guacamole y las famosas tortillas de maíz (con chile, tomate o queso). En 2010 la gastronomía mexicana fue reconocida como Patrimonio Cultural Inmaterial de la Humanidad.

En México la cultura se escribe con mayúscula. Tenemos grupos de música tradicional como los mariachis, pero también grupos de rock y cantantes muy famosos, como Maná, Molotov, Café Tacvba o Julieta Venegas. También el cine mexicano tiene mucha tradición y una reputación internacional. También en el ámbito internacional destacan directores como Alejandro González Iñárritu, Guillermo del Toro y Alfonso Cuarón, entre otros ganadores de varios premios Óscar.

Chichén Itzá, México

Y, por supuesto, nuestra historia. Los monumentos de la civilización maya son únicos. Chichén Itzá, Palenque y Uxmal son ciudades mayas fascinantes para visitar. México cuenta con más de treinta lugares culturales o naturales que son considerados por la UNESCO como Patrimonio de la Humanidad.

¡Chao y buen viaje a Guatemala, la próxima etapa en la Panamericana!

1 ¿Cuáles son los cuatro grandes temas de los que trata el texto? Elige una palabra clave para cada párrafo.

2 ¿Verdadero (V) o falso (F)? Corrige las frases falsas.

	V	F
1. México es un país con pocos habitantes.	○	○
2. Las palabras **tomate** y **cacao** vienen de una lengua indígena.	○	○
3. La comida mexicana está reconocida internacionalmente.	○	○
4. Los mariachis son grupos de rock.	○	○
5. Algunos directores de cine mexicanos son conocidos internacionalmente.	○	○
6. En México hay solo tres monumentos mayas: Chichén Itzá, Palenque y Uxmal.	○	○

3 Nombra a dos personas famosas relacionadas con el mundo de la cultura de tu país. ¿En qué disciplina destacan?

PANAM - **campusdifusión**   ✏ 27

 Texto mapeado
 Texto locutado

treinta y siete **37**

2 PRIMEROS CONTACTOS

COMUNICACIÓN

PRESENTARSE Y RESPONDER A UNA PRESENTACIÓN

- Soy Nuria Ribas.
- Me llamo Luis Martínez.
- Yo soy Ana Segura.

- Encantad**o**. (masc.)
- Encantad**a**. (fem.)
- Mucho gusto. (masc. / fem.)

- ¿Cómo se escribe Abella?
- *A, be, e...*

- ¿Se escribe con ye?
- *No, con ele doble / dos eles.*

- ¿Con acento en la a?
- *Sin acento.*

En español hay cuatro consonantes dobles: **c, r, l, n**.
Recuerda el nombre **Carolina**, que contiene las cuatro.

PREGUNTAR POR EL ESTADO Y REACCIONAR

- ¿Cómo estás?
- ¿Cómo está (usted)?
- ¿Qué tal?

- Muy bien, gracias. ¿Y tú?
- Bien, gracias. ¿Y usted?
- Regular.

PREGUNTAR POR EL ORIGEN Y CONTESTAR

- ¿De dónde eres?
- ¿De dónde es usted?
- ¿De dónde son ustedes?

- Soy de Bilbao.
- Somos de Guadalajara.

- Tú eres de Perú, ¿verdad?
- ¿Es usted de Madrid?
- ¿Son ustedes de aquí?

- Sí, de Lima.
- Sí.
- No, somos de Bilbao.

PREGUNTAR POR EL TELÉFONO Y EL CORREO ELECTRÓNICO

- ¿Cuál es tu teléfono?
- ¿Cuál es tu número de móvil?

- Es el 2, 4, 5, 6, 7, 7, 8.

- ¿Tienes correo electrónico?
- ¿Cuál es tu correo electrónico?

- Es rosa@nvh.com.

@ arroba
. punto
- guion
_ guion bajo

PREGUNTAR POR LA PROFESIÓN

- ¿Qué haces? / ¿A qué te dedicas?
- ¿Dónde trabajas?
- ¿De qué trabajas?

- Soy programador/a.
- Trabajo en un banco / una oficina.
- Soy profesor de español.

HACER PREGUNTAS

¿**Qué** idiomas hablas?
¿**Cómo** te llamas?
¿**Dónde** trabajas?
¿**De dónde** eres?
¿**Cuál** es tu teléfono?
¿**Quién** es tu profesora?

HOLA, ME LLAMO JULIETA VENEGAS. SOY MEXICANA, PERO VIVO EN ARGENTINA. SOY COMPOSITORA Y CANTANTE.

38 treinta y ocho

GRAMÁTICA

EL ARTÍCULO INDETERMINADO

	MASCULINO	FEMENINO
SINGULAR	un diccionario	una guitarra
PLURAL	unos diccionarios	unas guitarras

El plural del artículo indeterminado **unos**, **unas** significa **algunos**, **algunas**.

- *¿Tienes unos días libres este mes? = ¿Tienes algunos días libres este mes?*

EL GÉNERO EN LAS PROFESIONES

MASCULINO Y FEMENINO		INVARIABLE
enfermer**o**, enfermer**a**	profes**or**, profes**ora**	econom**ista**
emplead**o**, emplead**a**	aut**or**, aut**ora**	dent**ista**
ingenier**o**, ingenier**a**	programad**or**, programad**ora**	representant**e**
camarer**o**, camarer**a**	direct**or**, direct**ora**	polic**ía**

Muchos nombres de profesión tienen una forma masculina y una femenina. Las terminaciones **-ista**, **-ía**, **-e** sirven para los dos géneros.

- *Marta es dentista.*
- *Martín es dentista.*

LA NEGACIÓN

- ¿Hablas francés?
- **No**, **no** hablo francés.
- Lorena **no** es mi profesora.
- Mañana **no** tenemos clase.

No se coloca siempre delante del verbo.

LOS VERBOS REGULARES TERMINADOS EN -ER, -IR

	APRENDER	VIVIR
yo	aprend**o**	viv**o**
tú	aprend**es**	viv**es**
él, ella, usted	aprend**e**	viv**e**
nosotros, nosotras	aprend**emos**	viv**imos**
vosotros, vosotras	aprend**éis**	viv**ís**
ellos, ellas, ustedes	aprend**en**	viv**en**

Marc y yo = nosotros
Marc y tú = vosotros
Cuando solo se trata de mujeres se usan los pronombres femeninos (**nosotras**, **vosotras**, **ellas**).
Cuando son grupos mixtos se usa el masculino (**Ana y Marc** = **ellos**).

VERBOS IRREGULARES

	TENER	SER
yo	**tengo**	**soy**
tú	**tie**nes	**eres**
él, ella, usted	**tie**ne	**es**
nosotros, nosotras	tenemos	**somos**
vosotros, vosotras	tenéis	**sois**
ellos, ellas, ustedes	**tie**nen	**son**

HOLA, ¿CÓMO ESTÁS? SOY MARINA, TU NUEVA PROFESORA DE ESPAÑOL.

¿DE DÓNDE ERES?

¿TIENES CORREO ELECTRÓNICO?

3 ME GUSTA MI GENTE

Comunicación
- Hablar de la familia
- Hablar de una persona: el aspecto físico, el carácter, el estado civil
- Preguntar por los gustos y responder
- Decir la fecha
- Preguntar por el cumpleaños y responder

Léxico
- La familia y las relaciones personales
- Características físicas
- Adjetivos de carácter
- Los gustos personales
- Los números hasta 100
- Los meses del año

Gramática
- Los posesivos
- El género y el número en los adjetivos
- Los interrogativos
- **Gusta(n)**

Cultura
- Familias famosas: Cruz y Bardem
- Chocolates Valor
- **Vídeo 3** Esta es mi familia
- **PANAMERICANA** Guatemala

Rodrigo, Lorena, Marcelo y Lara

Rodrigo y Lara

Mis abuelos, Esther y Luis

Laura

Papá y su equipo

Con mis compañeras de trabajo

1   **a.** 🔊 19 – Escucha esta conversación y anota en qué orden menciona Isabel sus fotos.

b. 🔊 19 – Escucha otra vez y marca las relaciones que tienen estas personas con Isabel.

- hermano/a
- hijo/a
- padre
- madre
- abuelo/a
- tío/a
- sobrino/a
- compañero/a de trabajo

c. Y tú, ¿de quién tienes fotos? ¿Y de qué situaciones?

- *Yo tengo muchas fotos de viajes con mis amigos.*

ACT 1b - campusdifusión

› **Los lex** › La familia A1

✏ 1, 2

3 ME GUSTA MI GENTE

FAMILIAS

2 a. ¿Conoces a estas personas? Lee el texto. ¿Cuántos artistas hay en las dos familias?

Familias de artistas

Penélope Cruz y Javier Bardem son una pareja de cine. Son, probablemente, la actriz y el actor españoles más conocidos internacionalmente, pero no son los únicos artistas de sus familias.

La hermana de Penélope es bailarina y actriz, y su hermano es compositor de música. Javier es hijo y nieto de artistas: su madre, Pilar Bardem, es actriz, como su abuelo y su abuela. También sus hermanos Carlos y Mónica son actores. Su primo Miguel es director de cine.

Penélope y Javier tienen dos hijos, Leo y Luna. ¿Futuros artistas?

b. Completa el árbol genealógico con la ayuda del texto.

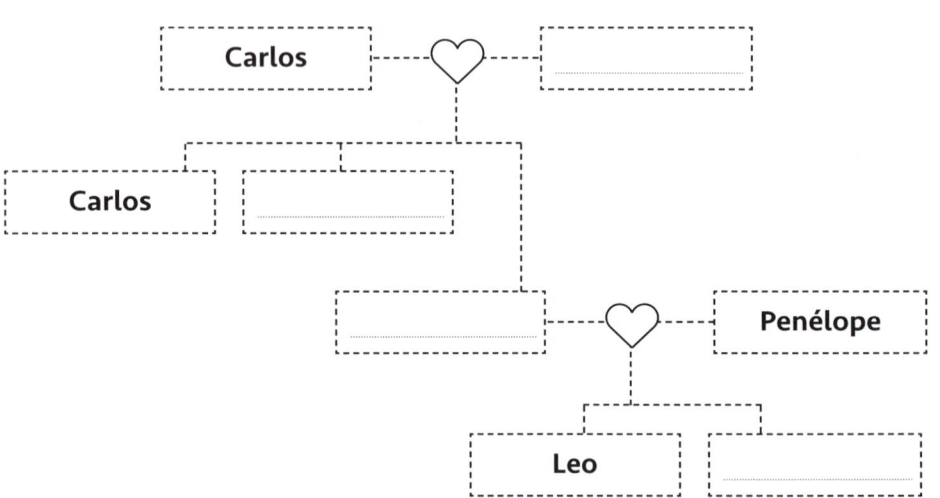

c. Lee las frases. ¿Qué persona o personas de la familia Bardem Cruz puede decirlas? Escribe los nombres.

1. Mi hijo se llama como mi marido.
2. Nuestra madre tiene un nombre de ocho letras.
3. Nuestro sobrino es director de cine.
4. Mis dos hermanos son actores.
5. Nuestros nietos tienen un nombre con ele.

3 Prepara cinco preguntas sobre la familia de Javier Bardem y Penélope Cruz con tu compañero/a. Luego, con otra pareja de la clase vais haciendo por turnos las preguntas y respondiéndolas.

- *¿Cómo se llama el nieto de Pilar?*
- *Se llama Leo.*

ACT 2a - campusdifusión

- Texto mapeado
- Texto locutado

Relaciones familiares
› el abuelo, la abuela
› el padre, la madre
› el hijo, la hija
› el nieto, la nieta
› el hermano, la hermana
› el tío, la tía
› el sobrino, la sobrina
› el primo, la prima
› el padre + la madre = los padres
› el hijo + la hija = los hijos

En España
› el marido, la mujer

En Latinoamérica
› el esposo, la esposa

📝 3, 14

4 **a.** Completa las formas de los posesivos que faltan. Luego, compara tus respuestas con las de un/a compañero/a.

LOS POSESIVOS	
SINGULAR	**PLURAL**
mi tío, mi tía	mis tíos, _____ tías
tu tío, tu tía	_____ tíos, tus tías
su tío, su tía	sus tíos, _____ tías
nuestro tío, _____ tía	_____ tíos, nuestras tías
_____ tío, vuestra tía	vuestros tíos, _____ tías
su tío, su tía	_____ tíos, sus tías

b. Traduce estas frases a tu lengua.

1. Mis tíos se llaman Julián y Rosa.

2. ¿Tus hermanas viven en México?

3. ¿Quién es tu primo?

4. Juan y Marta son hermanos. Su padre se llama Alberto.

c. Haz preguntas a tu compañero/a sobre su familia con ayuda de estos elementos.

¿Cómo se llama(n)		_____ ?
¿Dónde vive(n)	tu / tus	_____ ?
¿De dónde es / son		_____ ?
¿Qué hace(n)		_____ ?

- ¿Cómo se llaman tus padres?

📝 **4, 11**

¿QUIÉN ES THOMAS?

5 **a.** Escribe tu nombre en el centro de una hoja y, alrededor, los nombres de cuatro o cinco personas importantes para ti.

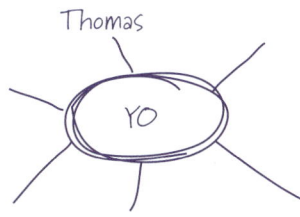

b. Tu compañero/a te hace preguntas sobre estas personas. Responde y da, al menos, tres datos sobre cada uno/a.

- ¿Quién es Thomas?
- Es mi mejor amigo. Es ingeniero y vive en Fráncfort. Tiene dos hijos. Su mujer es de Buenos Aires.

Los meses del año
- enero
- febrero
- marzo
- abril
- mayo
- junio
- julio
- agosto
- septiembre
- octubre
- noviembre
- diciembre

6 Ahora, averigua las fechas de cumpleaños de las personas importantes de tu compañero/a. Anota los nombres en el mes correspondiente.

- ¿Cuándo es el cumpleaños de Thomas?
- Mmmm… Creo que es el 18 de junio.

📝 **12, 13**

3 ME GUSTA MI GENTE

UNA EMPRESA FAMILIAR

7 a. ¿Te gusta el chocolate? Lee el texto sobre una empresa chocolatera y decide cuál de estos títulos no es adecuado.

Pasión por el chocolate
Vivir para el chocolate
Nueva fábrica de chocolate en Alicante
Valor: una empresa familiar con tradición

ACT 7 a - **campus**difusión

Texto mapeado
Texto locutado

Cinco generaciones de chocolateros

Pedro López Lloret, hijo y nieto de chocolateros, es el director de Chocolates Valor, una fábrica de chocolate en la provincia de Alicante. "Somos una empresa familiar, mis hermanos y mi sobrino trabajan en ella, como antes mi padre y mi abuelo. Vivimos para el chocolate. Tenemos chocolate para todos los gustos: negro, blanco, con leche... pero nuestro producto estrella es el chocolate con 70 % de cacao y con almendras. Tenemos chocolaterías en Madrid, Barcelona, Valencia y otras ciudades de España, y exportamos nuestros productos a más de 60 países. El chocolate es nuestra pasión".

b. Marca en el texto las palabras relacionadas con la familia.

8 a. Lee los números del 11 al 100 en cadena con tus compañeros/as.

11 once	**21** veintiuno	**40** cuarenta
12 doce	**22** veintidós	**50** cincuenta
13 trece	**23** veintitrés	**60** sesenta
14 catorce	**24** veinticuatro	**70** setenta
15 quince	**25** veinticinco	**80** ochenta
16 dieciséis	...	**90** noventa
17 diecisiete	**30** treinta	**100** cien
18 dieciocho	**31** treinta y uno	
19 diecinueve	**32** treinta y dos	
20 veinte	...	

Un, uno, una

Uno se convierte en **un** delante de sustantivos masculinos.

- Treinta y **un** empleados.

Delante de sustantivos femeninos se usa **una**.

- Treinta y un**a** fábricas.

b. Di dos números entre 1 y 9. Tu compañero/a dice el número que se forma con las dos cifras, y así sucesivamente.

- *Siete, cuatro.*
- *Setenta y cuatro. Ocho, cinco.*

Cantidades

Cuántos, **cuántas** se utilizan para preguntar por la cantidad.

- ¿Cuánt**os** productos fabrican aquí?
- ¿Cuánt**as** chocolaterías tiene Valor?

Para preguntar la edad se usa el verbo **tener**.

- ¿Cuántos años **tienes**?

9 🔊 20 – Unas cifras sobre la empresa Valor. Escucha y completa.

1. ¿Cuántos años tiene Pedro López?
2. ¿Cuántos miembros de la familia trabajan en la empresa?
3. ¿Cuántas chocolaterías tiene Valor?
4. ¿Cuántos empleados trabajan en las chocolaterías?
5. ¿A cuántos países exporta Valor sus productos?
6. ¿Cuántos productos diferentes tiene Valor?

📙 5, 6, 17-20

UNA MUJER INTERESANTE

10 a. Lee los textos en los que Isabel describe a sus hermanos. ¿Tienes algo en común con ellos?

> Mi hermana Laura es muy guapa. Es morena, como yo, y delgada. Su pasión es la fotografía. Es una mujer alegre, como yo, interesante y muy abierta, pero a veces es un poco impaciente. Está separada y no tiene hijos.

> Mi hermano Marcelo es bastante atractivo. Tiene los ojos azules. Es alto y un poco gordito, como yo. De carácter es optimista, pero un poco tímido. Está casado y vive con su mujer, Lorena, y sus hijos, Rodrigo y Lara. Tiene un *hobby* original: el buceo.

- Yo también soy un poco impaciente...

ACT 10 a - campusdifusión

- Texto mapeado
- Texto locutado

b. Completa la tabla y añade un adjetivo más de cada tipo. Luego, comparte tus respuestas con el resto de la clase y completa tu lista.

	MASCULINO		FEMENINO	
SINGULAR	un hombre	atractiv____ interesant____ original	una mujer	atractiv____ interesant____ original
PLURAL	hermanos	atractiv**os** interesant**es** original**es**	personas	atractiv**as** interesant**es** original____

c. ¿Cómo es Isabel? Lee otra vez las descripciones de 10 a y escribe lo que sabes sobre su aspecto físico y su carácter.

Isabel es...

El género en los adjetivos

Los adjetivos que terminan en -**o** forman el femenino en -**a**. Los adjetivos que acaban en -**e**, -**ista** o consonante, son iguales en masculino y femenino.

- Él es alt**o**. / Ella es alt**a**.
- Él es impacient**e**. / Ella es impacient**e**.

Adjetivos para describir

› joven ≠ mayor
› alto/a ≠ bajito/a*
› moreno/a ≠ rubio/a
› delgado/a ≠ gordito/a*
› guapo/a ≠ feo/a
› abierto/a ≠ tímido/a
› simpático/a ≠ antipático/a
› optimista ≠ pesimista

* Generalmente se usan los diminutivos **bajito** y **gordito** en vez de **bajo** y **gordo** para suavizar.

11 Describe el físico y el carácter de tres personas de tu familia.

Mi padre es mayor y un poco bajito. Es abierto y optimista. Mi hermano Josh es muy guapo, simpático, como yo, y...

ACT 11 - campusdifusión

› **Micropelis** › En búsqueda y captura

📄 7, 8, 15, 16, 21, 22

3 ME GUSTA MI GENTE

DE CINE

12 a. 🔊 21 – Escucha los comentarios sobre Penélope Cruz y Javier Bardem, y marca a quién se refieren.

	PENÉLOPE	JAVIER	LOS DOS
1.	○	○	○
2.	○	○	○
3.	○	○	○
4.	○	○	○
5.	○	○	○
6.	○	○	○

b. 🔊 21 – Escucha de nuevo y completa con los adjetivos.

1. ¡Es fantástico, un actor _____, el número uno!
2. Dicen que es un poco reservada, pero es muy _____ en su profesión.
3. Sí, es muy buena, _____. Yo soy fan de sus películas.
4. Son _____, sí, y muy _____, ¿no?
5. La verdad es que no sé por qué es tan _____. Y además es un poco _____, ¿no?
6. ¿El marido de Penélope? Sí, es _____ y _____. ¡Y muy _____!

13 Quieres regalar una entrada de cine a una persona de la imagen. Tu compañero/a te hace preguntas sobre su aspecto físico para adivinar de quién se trata y viceversa.

- ¿Es un hombre?
- No.
- ¿Es una mujer alta?
- Sí.

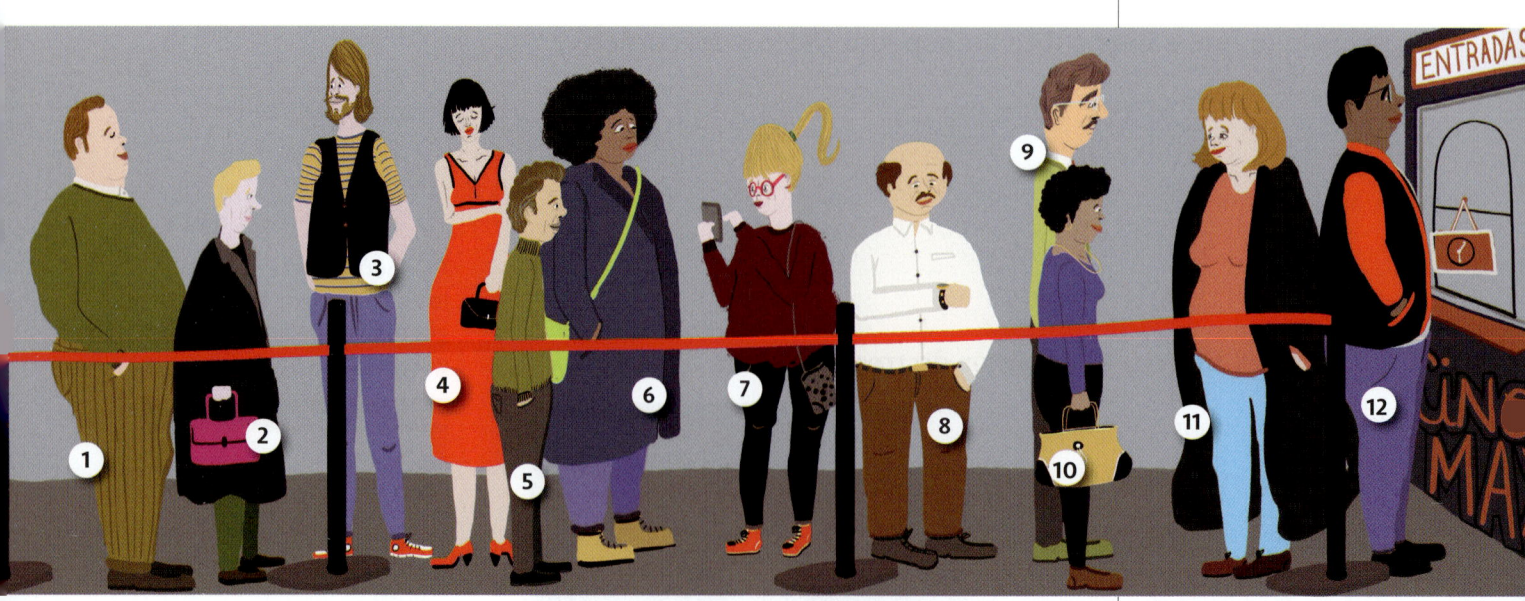

ME GUSTA EL CINE

14 Lee los comentarios de estas personas que van al cine y completa la tabla y la regla.

- ME GUSTAN LAS PELÍCULAS ROMÁNTICAS.
- ME GUSTA EL CINE, PERO NO ME GUSTAN LAS PELÍCULAS DE TERROR.
- ME GUSTA VER PELÍCULAS POR INTERNET.

HABLAR DE GUSTOS

(No) Me gust_____	el cine. / ver la tele.
(No) Me gust_____	los actores españoles. / las películas de terror.

15 a. Lee los temas de las etiquetas y añade cinco cosas más para conocer mejor los gustos de tus compañeros/as.

el café	el vino	el chocolate	las fiestas de cumpleaños	el rock
el teatro	la ópera	el color amarillo	tu jefe/a	el cine	viajar en avión
las personas pesimistas	el fútbol	conducir	las películas románticas

b. Ahora, pregunta a tu compañero/a por sus gustos y anota sus respuestas en la tabla.

- ¿Te gusta el café?
- No, no me gusta mucho.

ME GUSTA	ME GUSTA MUCHO	NO ME GUSTA MUCHO	NO ME GUSTA NADA
		el café	

c. Presenta los resultados al resto de la clase. ¿Tenéis gustos parecidos?

- A Linda le gustan mucho las fiestas de cumpleaños.

Gustar

(No)	me / te / le / nos / os / les	gusta / gustan

Hablar de gustos

Gusta se usa delante de nombres en singular y verbos en infinitivo.

_____ se utiliza delante de nombres en plural.

El verbo **gustar** + nombre se usa con el artículo determinado.
- Me gusta **la** música.
- Me gustan **los** perros.

✎ 9, 10

Preguntar por los gustos

› ¿Te gusta(n)...?
› Sí, (mucho).
› Bastante.
› (No,) No mucho.
› No, nada.

ACT 15 b - campusdifusión

› **Cápsulas de fonética** › La entonación de las preguntas

✎ 24, 25

3 ME GUSTA MI GENTE

MÁS QUE PALABRAS

16 a. Anota en cinco minutos todas las combinaciones posibles de las palabras de estas tres columnas, sin olvidar el artículo y la concordancia del adjetivo.

película	actriz	concierto
compositor/a	miembros	
fábrica	director/a	historia
compañeros/as	trabajo	personas
hospital	palabras	dentista
fiesta	empresa	

romántico/a	familiar
de trabajo	de jazz
de chocolate	de la familia
de música	de teatro
de cine	de fútbol

optimista	interesante	
guapo/a	moreno/a	joven
antipático/a	importante	
famoso/a	excelente	
difícil	internacional	

Un concierto de jazz excelente,

b. Después, compara tu lista con un/a compañero/a. Por cada combinación posible y correcta recibes un punto y por cada combinación que solo tienes tú, dos puntos.

TAREA FINAL: ASÍ SOY YO

17 a. Lee el ejemplo y escribe en una hoja información personal sobre ti. Escribe toda la información que puedas.

| Mi aspecto físico | Mi carácter | Mi familia | Me gusta mucho... | No me gusta... |

Soy alta, no soy delgada ni gorda y soy morena. No soy pesimista, pero soy un poco tímida. Tengo una hija de 12 años. Se llama...

b. Tu profesor/a recoge las hojas, las mezcla y las reparte. ¿Reconoces a la persona de la hoja que has recibido?

VÍDEO

3 – ESTA ES MI FAMILIA

Antes de ver el vídeo

1 Marca las frases que coinciden con tu realidad.

- a. Solo tengo fotos en el ordenador o en el móvil. ☐
- b. En casa tengo álbumes de fotos. ☐
- c. Tengo fotos de muchas personas de mi familia. ☐
- d. Si alguien viene a mi casa, le enseño mis álbumes de fotos. ☐

Vemos el vídeo

2 Haz una lista de las relaciones familiares que se mencionan en el vídeo.

3 Responde verdadero (V) o falso (F) con la información que da el vídeo.

	V	F
a. Alfredo es el hermano de Julia.	☐	☐
b. Marta es la hija de Julia.	☐	☐
c. Lucas es el hermano de Marta.	☐	☐
d. A Marta no le gusta bailar.	☐	☐
e. A Javi le gusta mucho el baloncesto.	☐	☐
f. Josefina es la abuela de la protagonista.	☐	☐

4 ¿Cómo crees que se siente el chico cuando ve la foto del padre de su novia?

preocupado | contento | nervioso

Después de ver el vídeo

5 Crea una presentación en vídeo de tu familia con fotos y comentarios sobre cada persona. Puede ser tu familia de verdad o una inventada.

3 ME GUSTA MI GENTE

PANAMERICANA

GUATEMALA

¡Hola! Me llamo Eduardo y soy de Guatemala, pero ahora vivo en Brasil. Mis padres viven en Antigua y tienen una escuela de idiomas. Tengo tres hermanos y una hermana.

Guatemala es el país más poblado de Centroamérica. Es un país multicultural y plurilingüe. El idioma oficial es el español, pero existen más de veinte idiomas mayas y otros considerados en peligro de extinción. Guatemala significa en náhuatl "lugar de muchos árboles".

Guatemala está considerado como el quinto país con mayor biodiversidad del mundo. Tiene una naturaleza fascinante: la selva tropical más grande de Centroamérica y más de 30 volcanes. También hay lugares históricos, como las famosas ruinas mayas de Tikal.

Ciudad de Guatemala, la capital del país, es una de las ciudades más grandes y cosmopolitas de Centroamérica. La ciudad de Antigua está reconocida como Patrimonio de la Humanidad por la UNESCO desde 1979.

Más del 50 % de los habitantes de Guatemala son de origen indígena. Muchos conservan sus rituales religiosos y sus tradiciones. Una atracción para muchos turistas es el mercado de Chichicastenango, un antiguo mercado maya donde los indígenas venden o intercambian diferentes productos.

Parque Nacional Tikal, Guatemala

Guatemala limita al norte con México, al este con Belice y al sur con Honduras y El Salvador. El Salvador es el país más pequeño de Centroamérica, muy famoso por sus volcanes. Honduras tiene playas maravillosas en el Caribe (un paraíso para el buceo) y también reservas naturales y restos arqueológicos mayas, como las ruinas de Copán.

1 Relaciona cada epígrafe con el párrafo correspondiente.

1. Países vecinos
2. Modernidad e historia
3. Naturaleza y tradición
4. Riqueza lingüística
5. Legado y tradición

2 Busca en el texto los siguientes datos.

1. El nombre de una lengua originaria de Guatemala.
2. Un lugar de Guatemala con restos arqueológicos.
3. Un lugar turístico para comprar productos locales.

3 ¿Tu país limita con otros? Escríbelo. Si no, escribe los nombre de los países más cercanos.

PANAM - campusdifusión   26

Texto mapeado
Texto locutado

3 ME GUSTA MI GENTE

COMUNICACIÓN

VOCABULARIO DE LA FAMILIA

MASCULINO	FEMENINO
el abuelo	la abuela
el padre	la madre
el hijo	la hija
el nieto	la nieta
el tío	la tía
el sobrino	la sobrina
el hermano	la hermana
el primo	la prima

En España normalmente se dice **el marido**, **la mujer**.
En Latinoamérica también se utiliza **el esposo**, **la esposa**.
El padre + **la madre** = **los padres**

HABLAR DE UNA PERSONA

EL ASPECTO FÍSICO	EL CARÁCTER	EL ESTADO CIVIL
Es alto/a ≠ bajito/a	Es simpático/a ≠ antipático/a	Marcelo está soltero.
Es moreno/a ≠ rubio/a	Es abierto/a ≠ tímido/a	Laura está casada.
Es / Está delgado/a ≠ gordito/a	Es optimista ≠ pesimista	Lorenzo está separado.
Es guapo/a ≠ feo/a	Es alegre ≠ triste	Gabriela está divorciada.
Es joven ≠ mayor	Es interesante ≠ simple	Juan es / está viudo.

Los diminutivos **bajito** y **gordito** se utilizan en lugar de **bajo** y **gordo** para suavizar o no ofender a la persona.

HABLAR DE LOS GUSTOS

- ¿Te gusta viajar? — Sí, mucho.
- ¿Te gustan las fiestas? — Sí, bastante.
- ¿A Virginia le gusta el teatro? — No, no mucho.
- ¿Os gusta la paella? — No, nada.

LOS NÚMEROS HASTA 100

11 once	21 veintiuno	31 treinta y uno	50 cincuenta
12 doce	22 veintidós	32 treinta y dos	60 sesenta
13 trece	23 veintitrés	33 treinta y tres	70 setenta
14 catorce	24 veinticuatro	34 treinta y cuatro	80 ochenta
15 quince	25 veinticinco	35 treinta y cinco	90 noventa
16 dieciséis	26 veintiséis	36 treinta y seis	100 cien
17 diecisiete	27 veintisiete	37 treinta y siete	
18 dieciocho	28 veintiocho	38 treinta y ocho	
19 diecinueve	29 veintinueve	39 treinta y nueve	
20 veinte	30 treinta	40 cuarenta	

LOS MESES

enero	julio
febrero	agosto
marzo	septiembre
abril	octubre
mayo	noviembre
junio	diciembre

LA FECHA

La fecha se dice con el artículo delante del número.
- **El** uno de abril.

En Latinoamérica el día **uno** se expresa con números ordinales.
- El **primero** de abril.

LA EDAD Y EL CUMPLEAÑOS

- ¿Cuándo es tu cumpleaños?
- Es el dos de mayo.
- ¿Cuántos años tienes?
- Tengo 35 años.

GRAMÁTICA

LOS POSESIVOS

SINGULAR	PLURAL
mi hijo, **mi** hija	**mis** hijos, **mis** hijas
tu hijo, **tu** hija	**tus** hijos, **tus** hijas
su hijo, **su** hija	**sus** hijos, **sus** hijas
nuestro hijo, **nuestra** hija	**nuestros** hijos, **nuestras** hijas
vuestro hijo, **vuestra** hija	**vuestros** hijos, **vuestras** hijas
su hijo, **su** hija	**sus** hijos, **sus** hijas

- Teresa es **su** tía.
  (Teresa es la tía de Germán).
- Teresa es **su** tía.
  (Teresa es la tía de Germán y de Nacho).
- Teresa y Manuel son **sus** tíos.
  (Teresa y Manuel son los tíos de Germán).
- Teresa y Manuel son **sus** tíos.
  (Teresa y Manuel son los tíos de Germán y de Nacho).

EL ADJETIVO

	MASCULINO	FEMENINO
SINGULAR	un chico alt**o** un libro interesant**e** un trabajo original	una chica alt**a** una persona interesant**e** una idea original
PLURAL	unos chicos alt**os** unos libros interesant**es** unos trabajos original**es**	unas chicas alt**as** unas personas interesant**es** unas ideas original**es**

Los adjetivos que terminan en -**o** forman el femenino en -**a**. Los adjetivos que acaban en -**e**, -**ista** o consonante son iguales en masculino y femenino.

- Él es bajit**o**. / Ella es bajit**a**.
- Él es inteligent**e**. / Ella es inteligent**e**.

LOS INTERROGATIVOS

Preguntar por una persona	**Quién**	¿**Quién** es tu jefa?
Preguntar por varias personas	**Quiénes**	¿**Quiénes** son tus padres?
Preguntar por la cantidad en masculino	**Cuántos**	¿**Cuántos** libros necesitas?
Preguntar por la cantidad en femenino	**Cuántas**	¿**Cuántas** preguntas son?
Preguntar por los motivos	**Por qué**	¿**Por qué** estudias español?

La respuesta a ¿**Por qué**...? es **Porque**...

- ¿**Por qué** estudias español?
- **Porque** tengo muchos amigos en Madrid.

Para preguntar la edad se usa el verbo **tener**.

- ¿Cuántos años **tienes**?

GUSTAR

| (A mí)
(A ti)
(A él / ella / usted)
(A nosotros/as)
(A vosotros/as)
(A ellos / ellas / ustedes) | (no) | me
te
le
nos
os
les | gusta

gustan | **el** cine

ver películas

las películas | NOMBRE SINGULAR
INFINITIVO
NOMBRE PLURAL |

El verbo **gustar** + nombre se usa con el artículo determinado.

- Me gusta **el** rock.
- Me gustan **los** gatos.

4 MIRADOR

Unidad de repaso

HABLAMOS DE CULTURA: RELACIONES PERSONALES

1 **a.** Marca en el cuestionario tu respuesta personal.

1. Hablo de tú
   - a mi profesor/a.
   - a mis compañeros/as de trabajo / clase.
   - a mi jefe o jefa.

2. Hablo de usted
   - a una persona de 18 años.
   - a un/a empleado/a de banco.
   - a un/a camarero/a.

3. Doy un beso para saludar
   - a un amigo o una amiga.
   - a una persona de mi familia.
   - a mis compañeros/as de trabajo.

4. Para saludar doy la mano
   - a mi jefe o jefa.
   - a mis compañeros/as de trabajo / clase.
   - a mis hermanos/as.

5. "Buenas noches"
   - es un saludo.
   - es una despedida.
   - es un saludo y una despedida.

6. Mi familia son
   - mi marido / mujer y mis hijos/as.
   - mis padres, hijos/as, hermanos/as y abuelos/as.
   - mis padres, hijos/as, primos/as, tíos/as…

> NO HAY RESPUESTAS CORRECTAS NI INCORRECTAS.

b. ¿Cómo se saludan las personas de las fotos? Relaciona.

- Se dan un beso.
- Se dan la mano.
- Se abrazan.

c. 🔊 22 – Escucha una entrevista con hispanohablantes de diferentes países y marca la opción correcta.

1. En Argentina se da la mano — en situaciones formales. — a un amigo/a.
2. En España un hombre da dos besos — a otro hombre. — a una mujer.
3. En Bolivia los hombres — se dan un beso. — se dan la mano.
4. En Chile los hombres — se abrazan. — se dan dos besos.
5. En Chile las mujeres se dan — un beso. — dos besos.

d. Y en tu país, ¿cómo se saluda la gente? Coméntalo con tus compañeros/as.

54 cincuenta y cuatro

AHORA YA SABEMOS

2 **a.** ¿Qué expresiones se usan al saludarse, al despedirse o en ambas situaciones?

	Saludo	Despedida
1. Adiós.	☐	☐
2. Hola, ¿cómo estás?	☐	☐
3. Encantado/a.	☐	☐
4. Buenas noches.	☐	☐
5. Hasta pronto.	☐	☐
6. ¡Buen viaje!	☐	☐
7. Hasta luego.	☐	☐
8. Mucho gusto.	☐	☐
9. Nos vemos luego.	☐	☐
10. Hola, ¿qué tal?	☐	☐

b. 🔊 23 – Escucha estas cuatro preguntas y anota el número en la respuesta correspondiente.

☐ Me llamo Carmen Alonso Díaz.   ☐ Veinticuatro. ¿Y tú?
☐ No, soy de Madrid.   ☐ Soy secretaria.

c. 🔊 24 – Escucha y haz lo mismo con estas preguntas.

☐ Para viajar a Bolivia.   ☐ Con uve y con acento.
☐ Es el 09 87 65.   ☐ Tres. Dos hijos y una hija.

3 Escribe preguntas para estos temas. Luego, pregunta a tu compañero/a.

1. Nombre ¿Cómo te llamas?
2. Apellido
3. Edad
4. Lugar de residencia
5. Profesión
6. Aspecto físico
7. Móvil
8. Correo electrónico

4 Elige a una persona de la clase y escribe su perfil (edad, aspecto físico, carácter...). Luego, intercambia el texto con tu compañero/a. ¿Es capaz de identificar a la persona y viceversa?

5 Prepara un máximo de 10 preguntas para conocer a la familia de tu compañero/a. Hazle la entrevista, anota la información y crea su árbol genealógico. Luego, preséntaselo y corrige la información errónea.

4 MIRADOR

APRENDER A APRENDER

6 Muchas palabras se parecen en distintos idiomas. Esto te ayudará a averiguar su significado. ¿Cuáles de las siguientes palabras puedes traducir sin ayuda de un diccionario? ¿Hay algún falso amigo? Coméntalo con tus compañeros/as.

- medicina
- televisión
- informática
- ambiente
- técnica
- curso
- autor/a
- farmacia
- yogur
- gratis
- activo/a
- amor

7 a. ¿Conoces todas estas palabras? Clasifícalas por grupos o categorías. Los criterios los decides tú (tema, personas, primera letra, tipo de palabra, sonido…).

colegas	pianista	chocolate	hotel	vacaciones	atractivo/a	congreso	sobrino/a	universidad
trabajar	exótico/a	concierto	jefe/a	naranja	simpático/a	teatro	*camping*	carácter	música
paella	fútbol	café	fábrica	producto	finca	director/a	rock	museo	tenis	viajar	playa

b. Intercambia tu clasificación de las palabras con un/a compañero/a. ¿Puedes adivinar los criterios que ha usado él/ella? 🖉 4

8 Mira el ejemplo de este mapa conceptual. Complétalo con las palabras de la actividad 7a u otras que conozcas. Si lo prefieres, puedes empezar tu propio mapa conceptual de nuevo y organizarlo a tu manera. Luego, compártelo con el resto de la clase.

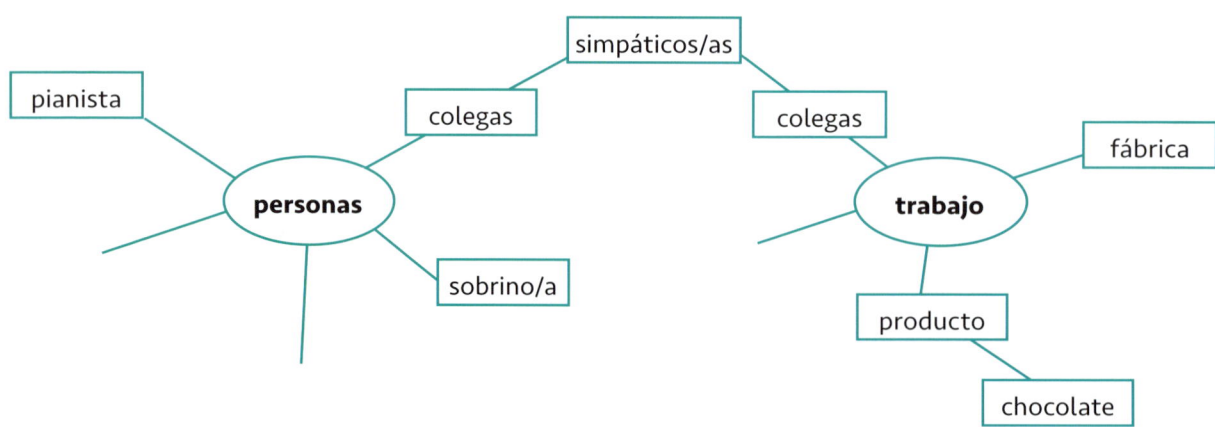

9 a. 🔊 25 – Los hablantes nativos unen las palabras al hablar de manera que parece que hablan muy rápido. Separa las palabras y compara a continuación con el audio.

1. HOLAMELLAMOANAALONSOYESTUDIOINFORMÁTICAENSALAMANCA
2. UNODEMISPAÍSESFAVORITOSESESPAÑAPORQUEMEGUSTANELVINOYLASTAPAS
3. MEGUSTANLASPERSONASESPONTÁNEASYCOMUNICATIVAS

b. Ahora intenta decir las frases con fluidez y fíjate en la entonación.

TERAPIA DE ERRORES

> LOS ERRORES FORMAN PARTE DEL PROCESO DE APRENDIZAJE. INDICAN QUE ESTÁS APRENDIENDO ALGO NUEVO. SI LES DEDICAS TIEMPO, VERÁS DÓNDE ESTÁ EL PROBLEMA Y PODRÁS CORREGIRLOS.

10 Un juego en grupos de tres. Se necesita una moneda y una ficha para cada jugador/a. Cara significa avanzar una casilla; cruz, dos. Se obtiene un punto por error encontrado (1 o 2 por frase) y otro punto por su corrección.

¡Hola!	**1.** Buenas días. Me llama Ana Díaz.	**2.** Y tú, ¿cómo se llama?	**3.** Señor Pérez es un arquitecto.
4. ¿Cuándo tienes cumpleaños? ¡Hoy! Ya soy 25.	**5.** Paco es una persona simpático y optimisto.	**6.** Yo vivo a Berlín. Estudio español para viajar en España.	**7.** Madrid me gusto mucho porque es una ciudad interessante.
8. Mario y yo trabajan en una fábrica de coches.	**9.** Nosotros jefe es todos los días en la empresa.	**10.** Vosotros viven en Italia y hablan italiano, ¿no?	¡Adiós!

1.
2.
3.
4.
5.
6.
7.
8.
9.
10.

11 a. Escribe un texto de presentación con información personal (nombre, apellidos, edad, lugar de residencia, teléfono, correo electrónico), información sobre tu trabajo o tus estudios, tu descripción física y un breve resumen de tu familia.

b. Intercambia tu texto con tu compañero/a y corrige sus errores. Luego revisa tu texto con sus correcciones y reescríbelo. Comenta las dudas con tu profesor/a. 🖊 5

5 COMER CON GUSTO

Comunicación
- Comprar alimentos
- Preguntar el precio
- Hablar de cantidades y envases
- Pedir algo en un bar
- Informarse sobre la comida
- Referirse a una cosa mencionada
- Preguntar por la hora y decirla
- El momento del día y la hora
- Expresar la frecuencia

Léxico
- Los alimentos
- Las cantidades y las medidas
- Los envases

Gramática
- Los pronombres de OD
- El **se** impersonal
- Los números a partir del 100
- Verbos con cambio vocálico (**e → ie**, **o → ue**)
- La hora (**Es la** una / **Son las** dos)

Cultura
- Las tapas
- El menú del mediodía
- Los bares en España y los horarios
- **Vídeo 4** Las recetas de Felipe
- **PANAMERICANA** Costa Rica

1 Mira la imagen y escribe el número correspondiente a cada alimento. Luego, compara tus respuestas con las de tu compañero/a.

17 la carne	☐ los huevos	☐ el limón	☐ la mantequilla	☐ el pescado
☐ la leche	☐ el agua	☐ el pollo	☐ la manzana	☐ la cebolla
☐ el aceite	☐ los plátanos	☐ la pasta	☐ las patatas	☐ la lechuga
☐ el pan	☐ el queso	☐ el jamón	☐ las mandarinas	☐ los tomates
☐ el vino	☐ las gambas	☐ el ajo	☐ las aceitunas	

cincuenta y nueve

5 COMER CON GUSTO

EN UN MERCADO

2 a. 🔊 26 – Escucha la conversación y anota en tu cuaderno qué productos compra el cliente.

b. Lee y subraya todos los alimentos.

- Hola, buenos días. Quería un kilo de tomates.
- ¿Tomates para ensalada o para salsa?
- Para salsa, por favor.
- Muy bien. Aquí tiene. ¿Y algo más?
- Sí. ¿Qué fruta tiene?
- Pues tengo manzanas y mandarinas muy buenas.
- Pues… mandarinas no. Prefiero manzanas.
- ¿Cuántas quiere?
- Un kilo y medio.
- Aquí tiene. ¿Algo más?
- ¿Tiene plátanos?
- Lo siento, ya no me quedan.
- Entonces… Deme una lechuga y tres cebollas.
- Perfecto, aquí tiene. ¿Algo más?
- No, gracias. Eso es todo. ¿Cuánto es?
- Son cuatro con ochenta.
- Aquí tiene.
- Muchas gracias y hasta la próxima.

ACT 2 - campusdifusión

 Texto mapeado

› **Los lex** › El súper A1
› **Cápsulas de fonética** › La pronunciación de /**p**/, /**t**/, /**k**/

c. Busca en la conversación los verbos para completar la tabla y traduce a tu lengua las frases con **querer** y **preferir**.

CLIENTE/A	VENDEDOR/A
……………… un kilo de tomates.	Aquí tiene.
Tomates para salsa, por favor.	¿Algo más?
……………… manzanas.	¿Cuántas ……………?
¿Tiene plátanos?	Lo siento, ya no me quedan.
¿Cuánto cuesta? / ¿Cuánto es?	Son cuatro con ochenta.

Verbos irregulares

QUERER	PREFERIR
qu**ie**ro	pref**ie**ro
qu**ie**res	pref**ie**res
qu**ie**re	pref**ie**re
queremos	preferimos
queréis	preferís
qu**ie**ren	pref**ie**ren

Quería es la forma de cortesía de **querer**.

📝 1-3

3 Y tú, ¿qué prefieres? Habla con tu compañero/a. ¿Tenéis los mismos gustos?

- el pan de barra o el pan de molde
- el agua con o sin gas
- el aceite o la mantequilla
- las naranjas o las mandarinas
- el café solo o con leche

• ¿Prefieres el pan de barra o de molde?
• El pan de barra, para hacer bocadillos.
• Yo también, pero para sándwiches prefiero el de molde.

4 En parejas, preparad una conversación entre un/a cliente/a y un/a vendedor/a (usad los alimentos de la lista) y representadla. Luego, cambiad los papeles y comprad otros alimentos.

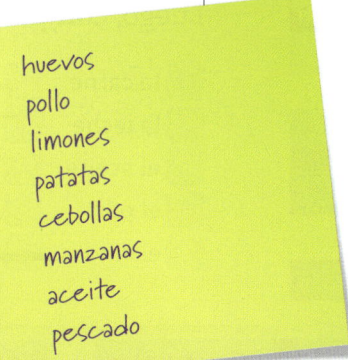

huevos
pollo
limones
patatas
cebollas
manzanas
aceite
pescado

CIENTO CINCO

5 Completa con los números que faltan.

100	cien	800	
101	ciento uno	900	novecientos
102	ciento dos	1000	mil
200	doscientos	2000	dos mil
300		10 000	
400		10 100	diez mil cien
500	quinientos	30 000	
600	seiscientos	100 000	cien mil
700	setecientos	1 000 000	un millón

6 a. Lee este artículo del periódico y completa el texto con los números de las etiquetas en cifras.

| quinientos sesenta y seis | quinientos cincuenta y un | seiscientos cuarenta y tres |

EXPORTACIÓN DE FRUTAS Y HORTALIZAS FRESCAS EN ESPAÑA

La exportación española de frutas y hortalizas frescas alcanza este año un valor de 4776 millones de euros.

El pimiento se consolida como la hortaliza más exportada por España, con un volumen de _____ millones de toneladas y un valor de 914 millones de euros.

La lechuga es la segunda hortaliza más exportada, con un total de _____ millones de toneladas y 530 millones de euros; y, en tercer lugar, el tomate, con _____ millones de toneladas y un valor de 718 millones de euros.

Adaptado de www.fepex.es

b. Escribe los siguientes números en letras.

914 000 000 _____
530 000 _____
34 950 _____
732 _____
287 _____
64 _____

7 Una cadena de números. Di un número entre el 1 y el 100. Otra persona dice el mismo número, pero añadiendo un cero, y propone otro número, y así sucesivamente.

- *Treinta y seis.*
- *Trescientos sesenta. Veinticinco.*
- *Doscientos cincuenta.*
- *…*

Los números

La **y** solo va entre las decenas y las unidades.

- Ciento treinta y dos.

Las centenas tienen terminación masculina y femenina.

- Doscientos gramos.
- Doscientas botellas.

✏ 4-6

Medidas

› 1 tonelada = 1000 kg

ACT 6 a - campusdifusión

- Texto mapeado
- Texto locutado

✏ 24

5 COMER CON GUSTO

¿TAPAS O MENÚ?

8 **a.** Imagina que puedes pedir estas tapas a domicilio. ¿Qué dos escoges para cenar hoy?

| 1. calamares a la romana | 2. albóndigas | 3. tortilla | 4. aceitunas verdes |
| 5. sardinas fritas | 6. champiñones al ajillo | 7. gambas a la plancha | 8. jamón |

- Yo, tortilla y sardinas.

b. 27 – Escucha el diálogo y marca las tapas que piden.

c. Lee el diálogo y subraya las expresiones que utiliza el camarero para preguntar y los clientes para pedir.

- Aquí tienen tapas muy ricas. A ver... Hoy tienen gambas, patatas bravas...
- ¿Patatas bravas? ¿Qué es eso?
- Son patatas con una salsa que lleva mayonesa, kétchup y picante.
- Yo no puedo comer mayonesa... Pero las gambas me gustan mucho.
- Pues podemos pedir gambas, jamón y... ¿probamos las albóndigas?
- ¿Albóndigas? ¿Qué llevan? ¿Son picantes?
- No, no pican. Llevan carne y ajo.
- ▶ Buenas tardes. ¿Qué van a tomar?
- Una ración de gambas, una de albóndigas y una de jamón.
- ▶ Enseguida. Y para beber, ¿qué les pongo?
- Para mí, un vino tinto.
- Yo un agua mineral, por favor.
...
- ▶ Aquí tienen.
- Muchas gracias.
...
- ¿Te gustan las albóndigas?
- Hmm, ¡están muy ricas!
...
- ¿Pagamos?
- Sí, pero hoy pago yo.

ACT 8 c - **campusdifusión**

Texto mapeado

d. Lee de nuevo el texto y completa con expresiones para hablar sobre la comida. Luego, completa las formas del verbo poder.

PREGUNTAR Y PEDIR	HABLAR SOBRE LA COMIDA
¿Qué van a tomar? / ¿Qué les pongo? ¿Y para beber? Una (ración) de... Para mí, un vino tinto. (Yo) un agua mineral, por favor.	¿Patatas bravas? ¿_____? Yo _____ mayonesa. ¿Qué _____? ¿Son picantes / dulces / salados/as? _____ carne y ajo.

Poder

p**ue**des
p**ue**de
_____
podéis
p**ue**den

7, 23

9 **a.** Fíjate en el menú del día y responde a las preguntas. Luego, compara tus respuestas con las del resto de la clase.

1. ¿Qué platos llevan pescado?
2. ¿Cuáles llevan carne?
3. ¿Hay alguna opción vegetariana?

b. En grupos de tres. Una persona es el / la camarero/a y las otras son clientes. Prepara y representa el diálogo en el bar con tus compañeros/as.

¿CALIENTE O FRÍA?

10 **a.** ¿A qué productos se refieren las siguientes frases? Relaciona.

- ¿Las quiere negras o verdes?
- ¿Los quiere a la plancha o a la romana?
- ¿La quiere caliente o fría?
- No lo quiero con leche, lo quiero con limón.
- ¿Las quiere fritas o a la plancha?

MENÚ

Sepia a la plancha
Calamares en su tinta
Boquerones en vinagre
Pimientos de Padrón
Ensaladilla rusa
Pollo al ajillo
Pulpo a la gallega
Croquetas de jamón

 1
 2
 3
 4
 5

b. Lee de nuevo las frases de 10a y completa la tabla con los pronombres adecuados.

PRONOMBRES DE OBJETO DIRECTO			
Quiero	un té. una tortilla. aceitunas. calamares.	¿_____ quiere con limón? ¿_____ quiere caliente o fría? ¿_____ quiere verdes o negras? ¿_____ quiere a la romana?	

Pronombres de OD

Se usa **lo**, **la**, **los**, **las** para referirse a un objeto ya mencionado.

En la negación estos pronombres están entre **no** y el verbo.

- No lo quiero con leche, lo quiero con limón.

c. ¿De qué objetos se habla en estas frases? Relaciona y completa con los pronombres adecuados.

| 1. Los espaguetis | 2. La cuchara | 3. Las patatas | 4. El cuchillo |
| 5. El vaso | 6. La copa | 7. Las servilletas | 8. El tenedor |

- 6 La necesitamos para beber vino.
- ___ uso para comer sopa.
- ___ prefiero fritas.
- ___ uso para cortar la carne.
- ___ preparo con salsa de tomate.
- ___ usamos para beber agua.

d. Escribe una frase con el pronombre adecuado para cada objeto de las etiquetas que no se han mencionado. Luego, compártelas con tus compañeros/as.

8, 9, 21, 22, 26

5 COMER CON GUSTO

LA LISTA DE LA COMPRA

11 Mira la imagen y marca en la lista los productos que ya tienes. Luego, comenta con un/a compañero/a qué falta.

- ○ una botella de vino
- ○ una lata de atún
- ○ un paquete de café
- ○ un bote de mermelada
- ○ medio kilo de tomates
- ○ 100 gramos de jamón
- ○ una bolsa de patatas fritas
- ○ 3 limones
- ○ 2 barras de pan
- ○ 2 tabletas de chocolate
- ○ 2 kg de manzanas

- *Faltan los tomates.*

ACT 11 - **campus**difusión

> **Micropelis** › La lista de la compra

12 Relaciona estos productos con las cantidades y los envases. Haz todas las combinaciones posibles. Luego, compara con tus compañeros/as.

| leche | mantequilla | patatas | tomates | queso |
| carne | pan | café | agua mineral |

CANTIDADES	ENVASES
1 kg = un kilo de	un paquete de
½ kg = medio kilo de	una botella de
1 ½ kg = un kilo y medio de	una lata de
100 g = cien gramos de	un bote de
1 l = un litro de	una bolsa de
½ l = medio litro de	un poco de

ACT 12 - **campus**difusión

> **Cápsulas de fonética** › La che y la jota

🖉 10, 17-20, 27

13 a. Organiza estas expresiones de frecuencia de más a menos. Luego escribe qué alimentos te gustan en función de cuántas veces los consumes.

| casi nunca | todos los días | muchas veces | nunca |
| una vez por semana | pocas veces |

1. _____
2. _____
3. _____
4. _____
5. _____
6. _____

b. Compara tus respuestas con un/a compañero/a.

- *Me gusta la pasta y la como muchas veces, pero nunca como pescado, soy vegetariano.*

🖉 11

LOS BARES DE ESPAÑA

14 a. Lee el texto y completa con las palabras de las etiquetas.

| menú del día | tostadas y bollería | tapas o bocadillos |
| hasta las 12 h | a las 7 h | por la noche |

El bar Jamón, Jamón abre _____ de la mañana. La rutina suele ser siempre la misma. En el desayuno, normalmente, se sirven muchos cafés, _____. A mediodía se come el _____ o algún plato combinado. Por la tarde y por la noche la gente suele pedir _____. No se sirven menús _____. El bar está abierto _____ de la noche.

b. ¿Cómo son los bares en tu país? Responde a estas preguntas y, luego, coméntalo con un/a compañero/a.

1. ¿A qué hora abren los bares por la mañana?
2. ¿Qué se desayuna normalmente?
3. ¿Existe el menú del día? ¿Y los platos combinados? ¿Qué se come normalmente a mediodía?
4. ¿A qué hora se cena?
5. ¿Se toman tapas o bocadillos para cenar?
6. ¿A qué hora cierran los bares por la noche?

¿QUÉ HORA ES?

15 a. ¿Qué hora es? Mira tu reloj y dibújala. ¿Cómo se expresa la hora en español? Comparte tu respuesta en clase.

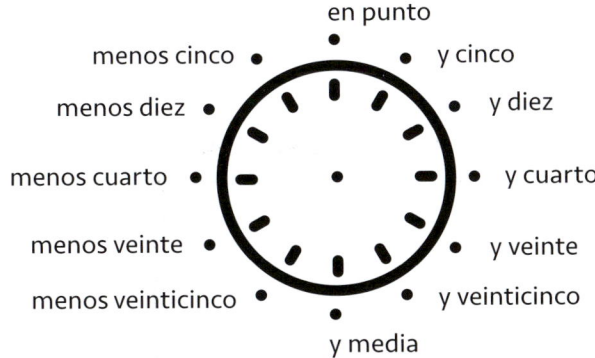

- en punto
- y cinco
- y diez
- y cuarto
- y veinte
- y veinticinco
- y media
- menos veinticinco
- menos veinte
- menos cuarto
- menos diez
- menos cinco

b. 🔊 28 – Escucha y relaciona las horas con los relojes.

c. Pregunta a tres compañeros/as a qué hora desayunan, almuerzan y cenan.

- ¿A qué hora cenas?
- A las ocho y media, ¿y tú?

ACT 14 a - campusdifusión

- Texto mapeado
- Texto locutado

Se + 3.ª persona

Se + verbo expresa impersonalidad.

- En un bar **se toma** café.
- Sí, y **se comen** tapas.

ACT 14 b - campusdifusión

> **Gramaclips** › Las horas y las partes del día

✏ 32

La hora

> ¿Qué hora **es**?
> **Es la** una y media.
> **Son las** tres y veinte.
> **Son las** seis menos diez.

> ¿**A qué** hora cenas?
> **A las** ocho y media.
> **Entre las** ocho **y las** nueve.

> El bar abre **por** la tarde.
> El bar abre a las ocho **de** la tarde.

ACT 15 - campusdifusión

> **Micropelis** › Un día cualquiera

✏ 12, 13, 25, 28

sesenta y cinco **65**

5 COMER CON GUSTO

MÁS QUE PALABRAS

16 a. Muchas palabras tienen opuestos o palabras con las que se alternan frecuentemente. Completa y compara luego con otra persona.

1. ¿Cómo tomas el café: solo o con _____?
2. ¿Prefieres el té con leche o _____?
3. ¿Prefieres el agua con o _____ gas?
4. ¿Prefieres la tortilla caliente o _____?
5. Camarero, por favor, necesito un cuchillo y un _____.

b. Lee estas combinaciones de palabras y añade una más en cada grupo. Hay varias posibilidades. Compara tus respuestas con el resto de la clase.

comer	fruta	carne	un menú	un bocadillo	a las 14 h
desayunar	a las 7 de la mañana	en un bar	café y tostadas		
tomar	alcohol	un café	un aperitivo	una cerveza	
comprar	en el mercado	un kilo de tomates	pan		
cenar	entre las 21 h y las 22 h	en un restaurante			

c. Describe una de las palabras de la lista sin decir cuál es. Tus compañeros/as tienen que adivinarla. Quien lo adivina primero continúa.

cuchara	agua	cuchillo	tortilla
copa	bocadillo	leche	aceitunas

✏ 15, 16, 29, 30

TAREA FINAL: NUESTRO BAR DE TAPAS

17 a. Vais a abrir un bar de tapas en grupos de cuatro. En primer lugar, inventad las tapas con vuestros ingredientes preferidos y dadles un nombre original. Además, tenéis que poner los precios, añadir las bebidas y decidir un nombre para vuestro local.

b. A continuación, un miembro de cada grupo va con la carta de su bar a otro grupo y hace el papel de camarero/a para contestar a las preguntas sobre la carta. El resto son clientes/as: preguntan por la comida de la carta y sus ingredientes, piden tapas y bebidas, comentan sus gustos sobre la comida que han pedido y pagan.

TAPAS Y RACIONES **PRECIOS**

BEBIDAS

HORARIO

VÍDEO ▶

▶ 4 – LAS RECETAS DE FELIPE

Antes de ver el vídeo

1 ¿Conoces estos alimentos? Coméntalo con tus compañeros/as.

| calabacín | remolacha | sésamo | garbanzos |

Vemos el vídeo

2 Marca qué ingredientes lleva cada receta, según la información del vídeo.

	Hummus de remolacha	Rollitos de calabacín
aceite de oliva	☐	☐
nueces	☐	☐
queso de untar	☐	☐
lima	☐	☐
hierbabuena	☐	☐
cebollino	☐	☐
sal	☐	☐
ajo	☐	☐

3 ¿Qué receta te parece más fácil de preparar?

Después de ver el vídeo

4 ¿Te gustan los platos que prepara Felipe?

5 Y tú, ¿cuándo cocinas? ¿Te gusta cocinar?

5 COMER CON GUSTO

PANAMERICANA
COSTA RICA

¡Hola! Me llamo Evelyn y soy de Costa Rica. Me gusta mucho cocinar porque en mi país la comida es muy diferente y muy variada.

Costa Rica limita con Nicaragua al norte, Panamá al sureste, el mar Caribe al este y el océano Pacífico al oeste. San José es su capital y su centro político y económico. El idioma oficial es el español, aunque se hablan otras lenguas autóctonas, como el maleku, el bribri o el guaymí.

Como el nombre de Costa Rica indica, es un país rico gracias a su naturaleza, sus playas, su selva y sus volcanes. Es un país pequeño (0,03 % de la superficie terrestre mundial), pero con una gran variedad de paisajes (posee aproximadamente el 6 % de la biodiversidad del planeta). Los parques naturales y reservas biológicas forman el 25 % del país. Además, cuenta con más de 10 000 especies de plantas y, entre ellas, más de 1000 especies de orquídeas.

Costa Rica posee 232 especies de mamíferos, 838 especies de aves, 183 especies de anfibios, 258 especies de reptiles y 130 especies de peces de agua dulce.

Manzanillo, Costa Rica

Un alimento típico de Costa Rica son los frijoles. Se pueden comer en el desayuno, en el almuerzo y por la noche en la cena. El gallo pinto es un desayuno típico. Son frijoles con arroz y se comen con huevos o con carne.

Costa Rica exporta a todo el mundo un producto de una calidad excelente, el café. Se cultiva a más de 1200 metros, lo que supone una garantía de calidad. Otra bebida deliciosa son los jugos tropicales. Se preparan con frutas exóticas y son muy ricos en vitaminas.

1 Escribe un título para cada párrafo. Luego, comparte tus ideas con el resto de la clase.

1. ___
2. ___
3. ___
4. ___
5. ___

2 ¿Verdadero (V) o falso (F)? Corrige las frases falsas.

	V	F
1. Costa Rica está al sur de Nicaragua.	○	○
2. En Costa Rica hay varias lenguas oficiales además del español.	○	○
3. Es un país pequeño con una biodiversidad muy grande.	○	○
4. En Costa Rica existen más de 10 000 especies de orquídeas.	○	○
5. Los frijoles son un alimento típico para comer y cenar, pero no para desayunar.	○	○
6. Costa Rica consume todo el café que produce.	○	○

3 Tu país en cifras. Busca datos sobre biodiversidad, gastronomía y productos de importación o exportación, y escribe cinco frases. Luego, comparte la información con el resto de la clase.

PANAM - **campus**difusión   31

- Texto mapeado
- Texto locutado

5 COMER CON GUSTO

COMUNICACIÓN

COMPRAR ALIMENTOS
Quería un kilo de tomates.
Deme un melón, por favor.
¿Tiene mandarinas?

PREGUNTAR EL PRECIO
¿Cuánto cuesta el melón?
¿Cuánto cuestan las naranjas?
¿Cuánto es (todo)?

HABLAR DE CANTIDADES Y ENVASES

1 kg = un kilo (de)	1 l = un litro (de)	un paquete (de)
½ kg = medio kilo (de)	½ l = medio litro (de)	una botella (de)
1 ½ kg = un kilo y medio (de)	1 ½ l = un litro y medio (de)	una lata (de)

PEDIR ALGO EN UN BAR

CAMARERO/A	CLIENTE/A
• ¿Qué le/s pongo? • ¿Qué toman? / ¿Qué van a tomar?	■ Yo, una cerveza. ▶ Yo también. ■ Para mí, un agua mineral. ▶ Un café, por favor.

INFORMARSE SOBRE COMIDA
¿Qué es eso?
¿Qué lleva la tortilla?
¿Lleva ajo / mayonesa?
¿Es picante?
¿Se come caliente / frío?

REFERIRSE A UNA COSA MENCIONADA

• Quiero / Quería	un té	■ **Lo** quiere con limón?
	una tortilla	■ **La** quiere caliente o fría?
	calamares	■ **Los** quiere a la romana?

PREGUNTAR POR LA HORA Y DECIRLA

• ¿Qué hora es?	■ Es la una y media.
	■ Son las cinco menos diez.
• ¿A qué hora cenas?	■ A las siete y media.
	■ Entre las siete y las ocho.

EL MOMENTO DEL DÍA Y LA HORA

Por la mañana		de la mañana.
Al mediodía	A las siete	de la tarde.
Por la tarde		
Por la noche		de la noche.

EXPRESAR LA FRECUENCIA
Todos los días
Muchas veces
Una / Dos... veces por semana / mes...
Pocas veces
Casi nunca
Nunca

SON LAS CINCO, YA ES UN POCO TARDE. ¿NOS VEMOS MAÑANA POR LA MAÑANA? A LAS NUEVE Y MEDIA, ¿VALE?

GRAMÁTICA

LOS PRONOMBRES DE OBJETO DIRECTO

	MASCULINO	FEMENINO
SINGULAR	lo	la
PLURAL	los	las

Los pronombres de objeto directo **lo**, **la**, **los**, **las** se usan para referirse a un objeto ya mencionado. Concuerdan con este objeto en género y en número.
- ¿**Las manzanas**? Sí, no te preocupes. **Las** compro yo.

En la negación, los pronombres están entre el **no** y el verbo.
- El té no **lo** quiero con limón.

EL SE IMPERSONAL

- En un bar español **se toma** café y también **se toman** tapas con los amigos. ¿Cómo es en tu país?
- En muchos bares a mediodía **se puede** tomar el menú del día.

La construcción **se** + verbo en 3.ª persona singular o plural se usa para expresar impersonalidad.

LOS NÚMEROS A PARTIR DEL 100

100	cien	500	**quin**ientos	2000	dos mil
101	cien**to** uno	600	seiscientos	3013	tres mil trece
200	doscientos	700	**sete**cientos	10 100	diez mil cien
300	trescientos	800	ochocientos	30 000	treinta mil
310	trescientos diez	900	**nove**cientos	100 000	cien mil
400	cuatrocientos	1000	mil	1 000 000	un millón

- Doscient**os** gramos.
- Doscient**as** botellas.
- Mil euros.
- Un millón **de** euros.

VERBOS CON FORMAS IRREGULARES

	E → IE		O → UE	
	QUERER	**PREFERIR**	**PODER**	**PROBAR**
yo	qu**ie**ro	pref**ie**ro	p**ue**do	pr**ue**bo
tú	qu**ie**res	pref**ie**res	p**ue**des	pr**ue**bas
él, ella, usted	qu**ie**re	pref**ie**re	p**ue**de	pr**ue**ba
nosotros, nosotras	queremos	preferimos	podemos	probamos
vosotros, vosotras	queréis	preferís	podéis	probáis
ellos, ellas, ustedes	qu**ie**ren	pref**ie**ren	p**ue**den	pr**ue**ban

LA HORA

13.00	**Es la** una.
14.00	**Son las** dos (en punto).
14.15	**Son las** dos y cuarto.
14.25	**Son las** dos y veinticinco.
14.30	**Son las** dos y media.
14.35	**Son las** tres menos veinticinco.
14.45	**Son las** tres menos cuarto.
14.50	**Son las** tres menos diez.

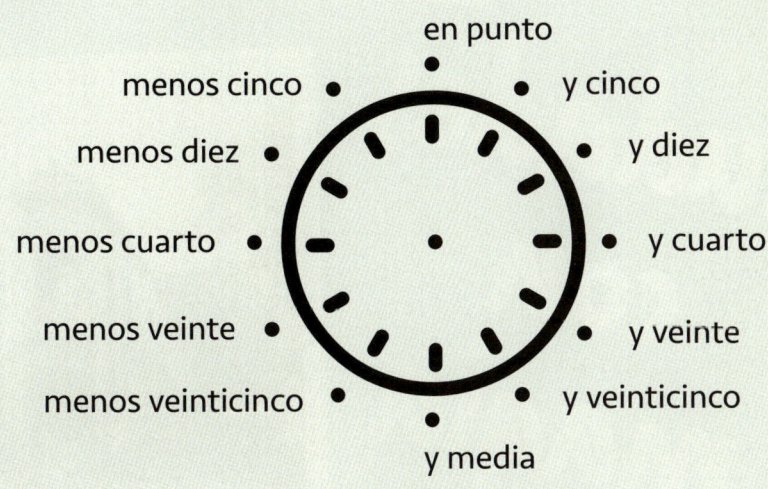

setenta y uno

6 POR LA CIUDAD

Comunicación
- Descubrir una ciudad
- Preguntar y decir dónde se encuentra algo
- Pedir información
- Expresar necesidad
- Indicar el camino
- Los números ordinales
- Expresar cómo ir a un lugar

Léxico
- Las partes de la ciudad
- Los monumentos
- Actividades en la ciudad
- Los medios de transporte
- Las tiendas y los establecimientos

Gramática
- **Hay**
- **Está(n)**
- Expresiones de lugar
- El uso de las preposiciones **a** y **en**
- La contracción del artículo
- Los verbos irregulares **ser**, **ir**, **estar**, **seguir**

Cultura
- Sevilla
- Bogotá
- **Vídeo 5** ¿Dónde hay una farmacia?
- **PANAMERICANA** Colombia

La Habana

Ciudades con magia

Buenos Aires

1 ¿A qué ciudades se refieren estos comentarios?

- [ ] Tiene río.
- [ ] Está en una isla.
- [ ] Está cerca de la montaña.
- [ ] Está en el norte del país.
- [ ] Es una ciudad con puerto.
- [ ] Es la capital mundial del tango.

6 POR LA CIUDAD

UN DÍA EN SEVILLA

2 a. Lee el texto. ¿Dónde se pueden hacer estas cosas en Sevilla?

1. Comer comida típica.
2. Escuchar música.
3. Comprar productos tradicionales.
4. Ver cuadros famosos.
5. Descansar.
6. Ver toda la ciudad.

ACT 2a - **campus**difusión

Texto mapeado

  Texto locutado

> **Los lex** › La ciudad A1

Sevilla en 24 horas. Todo es posible

POR LA MAÑANA Pasear por el centro histórico y desayunar en uno de sus cafés típicos. Visitar la Plaza de España y la catedral, la más grande de España. Aquí está la tumba de Cristóbal Colón. Después, subir a la famosa Giralda (la torre de una antigua mezquita); ¡hay una vista fantástica sobre la ciudad! O visitar el Alcázar, un palacio de origen árabe con jardines preciosos para descansar.

AL MEDIODÍA Comer en el barrio de Santa Cruz, el antiguo barrio judío, cerca de la catedral. En sus calles hay muchos bares y restaurantes que ofrecen comida tradicional.

POR LA TARDE Ir de compras a la zona peatonal. En la famosa calle Sierpes hay tiendas que venden productos de cerámica o recuerdos regionales. Hay también dos confiterías famosas por sus exquisitos dulces que invitan a hacer una pausa. O visitar el Museo de Bellas Artes, donde hay cuadros de pintores famosos, como Goya o Rubens.

POR LA NOCHE Ir al Teatro Lope de Vega para ver un concierto de guitarra flamenca. También se puede pasear por Triana, un barrio tradicional que está al lado del río Guadalquivir. Ahí hay muchos restaurantes con terrazas que dan al río.

b. Lee el texto otra vez y completa la lista de palabras relacionadas con la ciudad según las categorías. Después, compara con tus compañeros/as.

GASTRONOMÍA	PARTES DE LA CIUDAD	MONUMENTOS	ACTIVIDADES
el café	el centro histórico	la catedral	pasear

c. Vas a hacer una visita a Sevilla con otras dos personas de la clase. Ponte de acuerdo con tus compañeros/as en tres cosas que queréis hacer en Sevilla y presentad vuestros planes a la clase.

• *Primero visitamos la catedral, después...*

El orden
› primero
› después
› luego
› al final

3 **a.** Lee de nuevo el texto de **2 a** y completa la tabla con **hay**, **está** o **están**.

En Santa Cruz _____ muchos bares. _____ dos confiterías en la calle Sierpes. _____ una vista fantástica.	Triana _____ al lado del río. La tumba de Colón _____ en la catedral. ¿Dónde _____ los cuadros de Goya?

b. Lee el texto. ¿Qué ciudad es?

> Es una ciudad grande, pero no es la capital del país. Es famosa por su equipo de fútbol. Está en el noreste de España, en el Mediterráneo. Hay un templo muy famoso y también hay un barrio antiguo con muchos bares y muchos monumentos interesantes. También hay gente de muchos países diferentes.

c. Ahora tú. Piensa en una ciudad y escribe un breve texto como el de **3 b**. Por turnos, cada persona lee su descripción y el resto intenta adivinar qué ciudad es.

Es una ciudad...

Hay, está(n)
Cuando nos referimos a la existencia de una cosa o persona usamos **hay** con el artículo indeterminado, números, **mucho** o **poco**.

Cuando nos referimos al lugar de una cosa o persona determinada, usamos **está(n)** con el artículo determinado o nombres propios.

Estar
estoy	estamos
estás	estáis
está	están

ACT 3 b - campusdifusión

Texto mapeado
Texto locutado

> **Cápsulas de fonética** ›
Acentuación

📝 2-4, 17

¿SABE SI...?

4 🔊 29 – Lee y completa estas preguntas con la información de las etiquetas. Luego escucha los diálogos y comprueba.

para el concierto de flamenco	un restaurante típico
en la catedral	para Triana	de la ciudad
comprar sellos	abre los lunes	las tiendas por la tarde

1. ¿Me puede recomendar _____ ?
2. ¿Tiene un plano _____ ?
3. ¿Cuánto cuesta una entrada _____ ?
4. ¿Hay visitas guiadas _____ ?
5. ¿De dónde sale el autobús _____ ?
6. ¿Dónde se pueden _____ ?
7. ¿Sabe si el Museo de Bellas Artes _____ ?
8. ¿A qué hora abren _____ ?

6 POR LA CIUDAD

EN EL CENTRO COMERCIAL

5 a. Mira e identifica estos lugares en el centro comercial.

- ☐ una farmacia
- ☐ el punto de información
- ☐ un supermercado
- ☐ un restaurante
- ☐ los servicios
- ☐ un cine
- ☐ una tienda de ropa
- ☐ una panadería
- ☐ una zapatería
- ☐ una tienda de regalos
- ☐ una oficina de Correos
- ☐ un cajero automático

b. 🔊 30 – Escucha y marca en el centro comercial los lugares que se mencionan.

c. 🔊 30 – Escucha otra vez y marca las expresiones de lugar que se mencionan.

- ☐ a la derecha (de)
- ☐ a la izquierda (de)
- ☐ cerca (de)
- ☐ lejos (de)
- ☐ al lado (de)
- ☐ delante (de)
- ☐ en
- ☐ detrás (de)
- ☐ enfrente (de)
- ☐ entre... y...

Expresiones de lugar
- de + el = **del**
  - cerca **del** banco
- a + el = **al**
  - **al** lado de la tienda

ACT 5 c - campusdifusión

› **Gramaclips** › Localización

---

6 a. ¿Verdadero o falso? Compara las frases con la imagen de 5 a.

	V	F
1. La farmacia está a la derecha de Correos.	☐	☐
2. Los servicios están enfrente del cine.	☐	☐
3. La tienda de regalos está al lado del supermercado.	☐	☐
4. La tienda de ropa está entre la panadería y la zapatería.	☐	☐
5. Delante del centro comercial hay una parada de taxis.	☐	☐

La oficina de Correos

Correos es una empresa pública española dedicada al envío de cartas y paquetes.

b. Coloca tres locales en los espacios vacíos del centro comercial. Tu compañero/a tiene que averiguar qué hay y dónde está.

- una cafetería
- un banco
- una perfumería
- una frutería
- una confitería

- ¿Hay una cafetería?
- Sí.
- ¿Está a la izquierda del restaurante?

📝 5, 6

UN VIAJE A BOGOTÁ

7 Relaciona los nombres de los medios de transporte con las imágenes. Luego añade dos y comparte la información con el resto de la clase.

1. un autobús
2. un avión
3. un tren
4. una bici / una bicicleta
5. _____
6. _____

Medios de transporte

ir **en**
> avión
> autobús
> tren
> bici

ir **a**
> pie

8 a. 🔊 31 – Alberto prepara su viaje a Bogotá y habla por teléfono con una amiga que vive en la ciudad. Escucha y marca la respuesta correcta.

1. ¿Cuándo va?
   - mañana
   - la próxima semana

2. ¿Adónde va?
   - a casa de una amiga
   - a un hotel

3. ¿Cómo va?
   - en avión
   - en coche

4. ¿Adónde quiere ir el viernes?
   - a un concierto
   - a la ópera

5. ¿Adónde quiere ir el sábado?
   - al Museo Botero
   - al Museo del Oro

Lugar y destino

¿Dónde? → lugar
- Vivo **en** España.

¿Adónde? → destino
- Voy **a** Colombia

b. Mira las preguntas y las respuestas de **8a** y completa la tabla.

IR	DESTINO	MEDIO DE TRANSPORTE	
voy			
vas		tren	taxi
____	Bogotá	metro	bicicleta
vamos	museo	autobús	barco
vais	ópera	coche	avión
van			
		a pie	

c. En cadena. ¿Con qué frecuencia utilizas los medios de transporte de la tabla de la actividad **8b**? ¿Cuál es el más usado de la clase?

• *Yo voy en metro todos los días.*
• *Yo nunca voy en barco.*

La frecuencia
> todos los días
> una vez por semana
> dos veces al mes / al año
> (casi) siempre / nunca

d. Comenta con dos compañeros/as qué transporte utilizas para ir a estos lugares.

| al aeropuerto | de vacaciones | a visitar a mi familia | a la discoteca |
| de excursión | al trabajo | al centro | de compras | al gimnasio |

• *Yo, cuando voy al aeropuerto, siempre voy en metro.*
• *Yo también.*
◦ *Yo casi siempre voy en taxi.*

6 POR LA CIUDAD

SIGUE TODO RECTO

9 a. 🔊 32 – Alberto quiere ir a La Candelaria, el centro histórico de Bogotá. Lee las frases, escucha el diálogo y ordena las frases.

- ☐ Tomar la línea E en dirección a Bicentenario.
- ☐ Ir a la parada Avenida Chile.
- ☐ Bajar en Avenida Jiménez, son dos paradas.
- ☐ Cambiar a la línea F.
- ☐ Bajar en Ricaurte.

b. Un/a amigo/a de Colombia te visita. Escribe las instrucciones para llegar desde el aeropuerto a tu casa en transporte público.

Primero tomas el autobús del aeropuerto en…

10 Lee esta información sobre La Candelaria. ¿Qué dos lugares prefieres conocer? ¿Por qué? Escribe tus motivos. Luego, comparte tus respuestas con el resto de la clase.

1. La Plaza de Bolívar es el corazón de la ciudad y el lugar ideal para empezar la visita al centro histórico.
2. El Capitolio es la sede del Congreso Nacional y tiene obras de artistas colombianos.
3. La catedral es la más grande del país y está construida en el lugar de la primera iglesia católica.
4. El Teatro Colón ofrece un programa variado de teatro, música y danza.
5. El Centro Cultural García Márquez es un espacio cultural con una biblioteca, una galería de arte y una cafetería con el mejor café colombiano.
6. El Museo Botero es un museo pequeño con pinturas y esculturas de Fernando Botero, el famoso pintor colombiano. La entrada es gratuita.

Para mí, los dos lugares más interesantes son…

ACT 9 a - campus difusión

› **Micropelis** › El caso Barcelona

Tener que + infinitivo
- Tengo que tomar el metro.

Describir el camino
› Primero…
› Después…
› Al final…
› Tomas el autobús / la línea X en dirección a…
› Bajas en la siguiente / próxima estación / parada.
› Tienes que cambiar a la línea…

ACT 10 - campus difusión

▤ Texto mapeado
🔊 Texto locutado

📝 8-12

11

a. 🔊 33 – Escucha y elige la opción correcta.

- ¿Para ir al Museo del Oro, por favor?
- Lo siento, **no sé / ni idea**. No soy de aquí.
...
- Perdón, para ir al Museo del Oro, ¿está **lejos / cerca**?
- No, está **lejos / cerca**. Tiene que cruzar la Plaza de Bolívar y tomar la Carrera 7.ª.
- La Carrera 7.ª...
- Sí, exacto, y allí usted sigue todo recto hasta la Avenida Jiménez de Quesada. Es una avenida grande sin coches. Allí gira **a la izquierda / a la derecha**. Luego tiene que tomar la **primera / segunda / tercera** calle a la izquierda.
- Entonces tomo la Avenida Jiménez y después... la primera a la derecha...
- No, a la izquierda. **Al final / Al principio** de la calle está el museo.
- Muchas gracias.
- De nada.

ACT 11a - campus difusión

📄 Texto mapeado

Los números ordinales

> primero/a 1.º / 1.ª
> segundo/a 2.º / 2.ª
> tercero/a 3.º / 3.ª
> cuarto/a   4.º / 4.ª
> quinto/a   5.º / 5.ª
> sexto/a   6.º / 6.ª
> séptimo/a 7.º / 7.ª
> octavo/a   8.º / 8.ª
> noveno/a   9.º / 9.ª
> décimo/a   10.º / 10.ª

b. Completa las expresiones con los verbos adecuados.

 1. _Seguir_ todo recto.

 2. _____ a la izquierda.

 3. _____ la plaza.

 4. _____ la segunda a la derecha.

Seguir
sigo	seguimos
sigues	seguís
sigue	siguen

c. Lee las indicaciones de la actividad 11a y marca en el plano de 10 el camino desde el Capitolio hasta el Museo del Oro.

d. Ahora, busca en el plano de la actividad 10 el puntero de localización ("Usted está aquí"). Describe a tu compañero/a el camino para llegar a uno de estos lugares. Tu compañero/a averigua de qué lugar se trata, y viceversa.

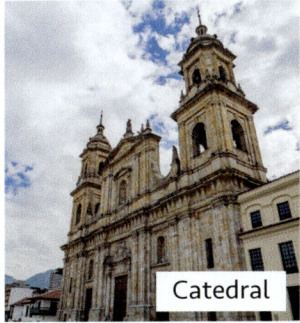 Catedral

 Museo Botero

 Teatro Colón

 Capitolio

DESCRIBIR UN CAMINO

Toma(s)	la tercera calle a la derecha
Sigue(s)	todo recto hasta el semáforo
Cruza(s)	la calle / la plaza / el puente
Gira(s)	a la izquierda / a la Avenida Chile

- *Tomas la calle 13 y sigues todo recto.*
- *Vale.*
- *Luego...*

✏️ 13-16, 23

6 POR LA CIUDAD

MÁS QUE PALABRAS

12 Haz una lista de las combinaciones posibles. ¡Cuidado con las preposiciones!

- ir
- tomar
- subir
- seguir
- bajar
- girar
- cruzar

de compras	al teatro	en bicicleta	a pie
al metro	en avión	a la derecha	la primera calle
en la próxima parada		del autobús	de vacaciones
un puente	un café	el autobús	la línea 8
a la izquierda	una copa	todo recto	un tren directo
a un concierto	a una torre	la plaza	la calle

bajar del autobús,

📝 18, 19, 21, 22

TAREA FINAL: UN PASEO INVENTADO POR NUESTRA CIUDAD

13 a. En grupos, situad en un plano cerca de la escuela cinco lugares interesantes: monumentos, restaurantes, tiendas, etc. (si no los hay, os los podéis inventar). Luego, preparáis una pequeña guía para nuevos/as estudiantes con información y cómo llegar desde la escuela.

CIUDAD

MONUMENTOS PARA VISITAR

RESTAURANTES

TIENDAS

b. Presentad vuestra guía al grupo.

VÍDEO ▶

▶ 5 – ¿DÓNDE HAY UNA FARMACIA?

Antes de ver el vídeo

1 Piensa en el lugar donde vives y completa las frases posibles.
   a. Para ir a... tienes que atravesar...
   b. Si vas a..., pasas por debajo de un puente.
   c. ... está justo aquí al lado.
   d. Para llegar a..., tienes que subir una cuesta.
   e. Para..., tienes que bajar unas escaleras.

Vemos el vídeo

2 Ve el cortometraje sin sonido. Haz hipótesis sobre el argumento y compártelas con tus compañeros/as.

3 Ahora, ve el vídeo con sonido, comprueba tus hipótesis y escribe un resumen de la historia.

4 Completa la frase y compártela con tus compañeros/as. ¿Coincidís?

La intención de este corto es...

Después de ver el vídeo

5 Comenta con tus compañeros/as.
   a. Cuando no sabes llegar a un lugar, ¿le preguntas a alguien o usas tu móvil?
   b. ¿Qué cosas buenas y malas tiene usar una aplicación de mapas? ¿Y preguntarle a alguien?
   c. ¿Tienes buen sentido de la orientación?

ochenta y uno **81**

6 POR LA CIUDAD

PANAMERICANA

COLOMBIA

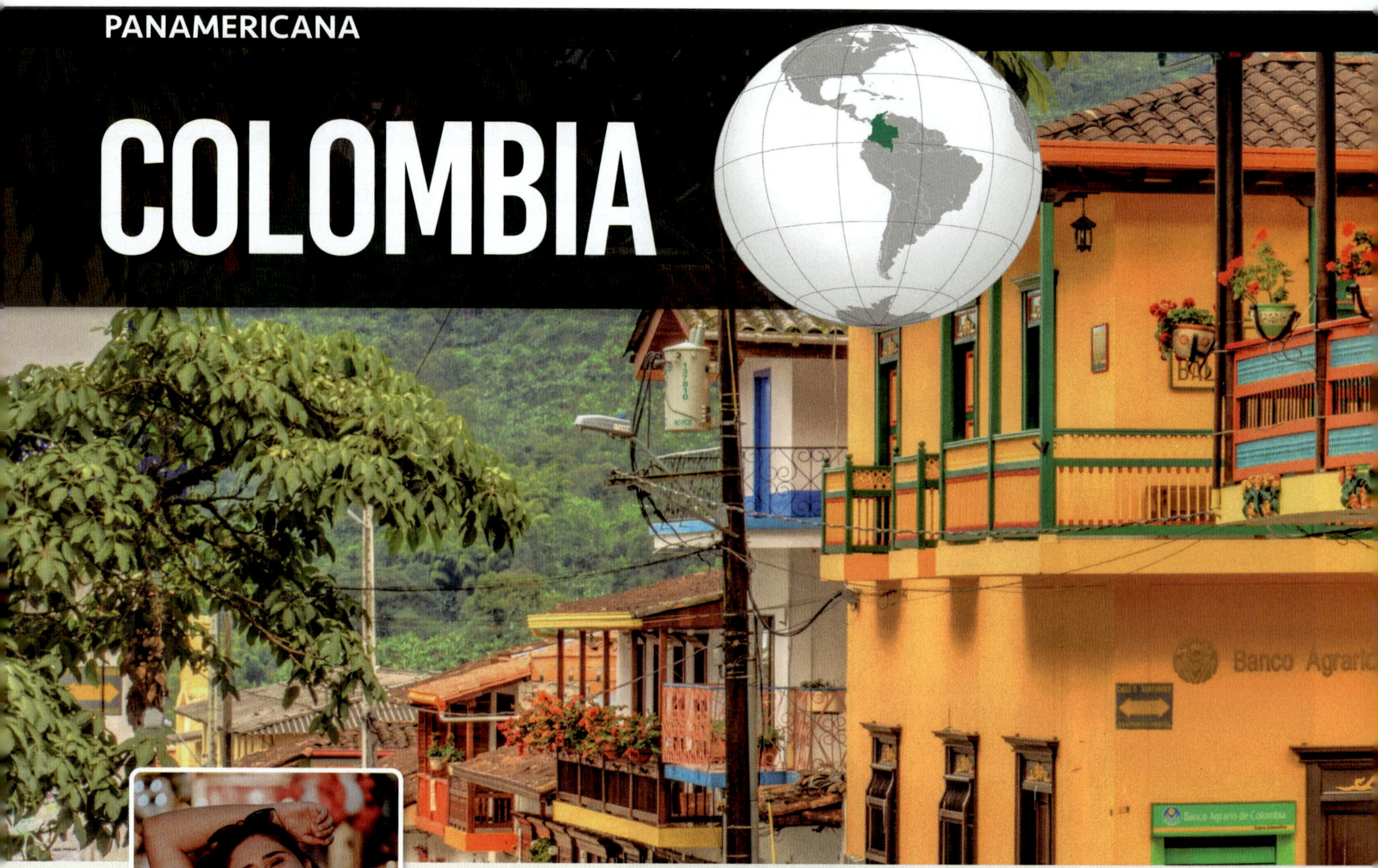

Me llamo Belinda y soy colombiana. Hablar de Colombia es hablar de música, de baile, de selva, de mar… Se dice que los colombianos tienen tres pasiones: el fútbol, el baile y ¡las telenovelas!

Es difícil presentar mi país en pocas palabras: tenemos grandes metrópolis, como Bogotá y Medellín, pero también una naturaleza muy variada con los Andes, la selva amazónica y las costas del Pacífico o del Caribe. Allí hay ciudades hermosas, como Cartagena y Barranquilla, una ciudad famosa por el carnaval y el origen de uno de los ritmos latinos más populares: la cumbia. ¿Sabes quién es también de Barranquilla? La cantante Shakira.

El 70 % de la población de Colombia vive en las ciudades. Como en muchas ciudades de Latinoamérica, las calles no tienen nombre, sino números. Se llaman "calles" cuando van de norte a sur y "carreras" cuando van de este a oeste. Solo las avenidas tienen nombre. Las ciudades colombianas son muy dinámicas. La gente va en coche o en autobús.

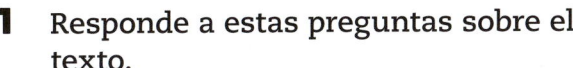
Antioquia, Colombia

1 Responde a estas preguntas sobre el texto.

1. ¿Colombia tiene mar? ¿Qué información del texto lo aclara?
2. ¿Qué ciudad es conocida por una fiesta popular? ¿De qué fiesta se trata?
3. ¿Qué es la cumbia?
4. ¿Cuál es la diferencia entre calle y carrera?
5. ¿Qué tres personajes famosos de Colombia aparecen en el texto? ¿En qué disciplina destaca cada uno?

2 ¿Cuáles son las tres ciudades más famosas de tu país? ¿Por qué es importante cada una?

PANAM - **campus**difusión ✏ 20

 Texto mapeado
 Texto locutado

Estamos muy orgullosos de Gabriel García Márquez, nuestro Premio Nobel de Literatura, y de Fernando Botero, quizá el pintor y escultor más famoso de Latinoamérica. Sus figuras son gordas y bellas.

6 POR LA CIUDAD

COMUNICACIÓN

DESCRIBIR UNA CIUDAD
Sevilla es una ciudad con mucho ambiente.
En el barrio de Santa Cruz hay muchos bares.
Hay un barrio antiguo con muchos monumentos.

PREGUNTAR Y DECIR DÓNDE SE ENCUENTRA ALGO
¿Dónde hay un restaurante por aquí?
El barrio de Triana está al lado del río.
La catedral está al principio / al final de la calle.

PEDIR INFORMACIÓN
¿Dónde se pueden comprar las entradas?
¿Tiene un plano de la ciudad?
¿Me puede recomendar un hotel barato?
¿Sabe si el Alcázar abre los lunes?
¿A qué hora cierra el museo?
¿Cuánto cuesta una entrada para el museo?
¿Hay visitas guiadas en la catedral?
¿De dónde sale el autobús para Triana?

EXPRESAR NECESIDAD
Tengo que comprar sellos.
Tienes que tomar el autobús.
Tiene que cruzar la plaza.

INDICAR EL CAMINO

Primero	toma(s) el autobús número 8.
Después	sigue(s) todo recto hasta la catedral.
Luego	cruza(s) el parque.
Al final	gira(s) a la izquierda.

LOS NÚMEROS ORDINALES

primero/a	quinto/a	noveno/a
segundo/a	sexto/a	décimo/a
tercero/a	séptimo/a	
cuarto/a	octavo/a	

TIPOS DE TRANSPORTE

	en avión.
	en tren.
	en coche.
Vamos / Me gusta ir	**en** autobús.
	en metro.
	en bicicleta.
	a pie.

GRAMÁTICA

HAY

- ¿Dónde **hay** un restaurante típico?
- **Hay** dos confiterías en la calle Sierpes.
- En el barrio de Santa Cruz **hay** muchos bares.

Para hablar de la existencia de una cosa o persona usamos **hay** con el artículo indeterminado, números, **mucho** o **poco**.

ESTÁ(N)

- ¿Dónde **está** la oficina de turismo?
- El barrio de Triana **está** al lado del río.
- ¿Dónde **están** los cuadros de Goya?

Para hablar del lugar de una cosa o persona determinada usamos **estar** con el artículo determinado.

EXPRESIONES DE LUGAR

a la derecha (de)	cerca (de)	en
a la izquierda (de)	lejos (de)	entre… y…
delante (de)	al lado (de)	aquí
detrás (de)	enfrente (de)	ahí

- El bar está cerca.
- Está cerca **de la** estación.
- Está cerca **del** hotel.

EL USO DE LAS PREPOSICIONES A Y EN

DESTINO → ¿ADÓNDE?
- Vamos **a** España.
- Voy **al** teatro a las ocho.

LUGAR → ¿DÓNDE?
- Alberto está **en** Bogotá.
- Va **en** autobús.

LA CONTRACCIÓN DEL ARTÍCULO

A + EL = AL
- Vamos **a la** Giralda.
- ¿Para ir **al** Alcázar?

DE + EL = DEL
- Está al lado **de la** catedral.
- Está cerca **del** parque.

	SER	IR	ESTAR	SEGUIR
yo	**soy**	**voy**	estoy	s**i**go
tú	**eres**	**vas**	estás	s**i**gues
él, ella, usted	**es**	**va**	está	s**i**gue
nosotros/as	**somos**	**vamos**	estamos	seguimos
vosotros/as	**sois**	**vais**	estáis	seguís
ellos, ellas, ustedes	**son**	**van**	están	s**i**guen

Con el verbo **ser** normalmente identificamos, expresamos profesión y origen, y describimos el carácter.

- Esta ciudad **es** Bogotá.
- Fernando Botero **es** colombiano.
- Juan y Marta **son** muy simpáticos.

Para expresar localización, usamos el verbo **estar**.

- ¿Dónde **está** el Museo Botero?

Otros verbos como **seguir**, con irregularidad vocálica en la raíz (**e → i**): **pedir**, **servir**.

SOY CAROLINA Y SOY COLOMBIANA. VIVO EN MEDELLÍN, PERO SOY DE BOGOTÁ. SOY DISEÑADORA WEB, PERO SIGO TRABAJANDO COMO PROFESORA DE ESPAÑOL EN VERANO, CUANDO ESTOY EN CASA DE MIS PADRES.

7 EL PLACER DE VIAJAR

Comunicación
- Reservar una habitación de hotel
- Pedir información
- Expresar acuerdo y desacuerdo: **A mí también**, **A mí tampoco**, **(Pues) A mí sí**, **(Pues) A mí no**
- Expresiones de frecuencia
- Marcadores temporales
- Dirigirse a alguien para reclamar, disculparse, aceptar disculpas

Gramática
- Los pronombres de objeto indirecto
- **Mucho/a/os/as**, **muy**, **mucho**
- Los verbos irregulares con -g- en la primera persona
- El pretérito perfecto
- Los participios irregulares

Cultura
- Mallorca
- Cuba
- **Vídeo 6** Este lugar es un sueño
- **PANAMERICANA** Ecuador

Léxico
- Tipos de alojamiento y servicios
- El ocio y el turismo
- Reclamaciones

SU NATURALEZA

En el norte de Mallorca hay rutas de montaña perfectas para hacer senderismo. La costa este de la isla es ideal para descansar en la playa y tomar el sol, nadar o hacer deporte.

3 RAZONES PARA VISITAR MALLORCA

SU CULTURA

Museos, monumentos y la famosa catedral en el centro histórico: Palma ofrece todo para el turista urbano. ¿Qué tal un concierto de piano en Valldemosa o visitar galerías de arte en Pollensa?

SU GASTRONOMÍA

Comer *tumbet*, un plato de verdura exquisito, y probar una ensaimada, el dulce típico mallorquín… ¡es un placer!

1 Lee esta información sobre Mallorca. ¿Qué cosas se pueden hacer allí? Utiliza los verbos de las etiquetas.

| visitar | hacer | tomar | ir a | comer |

- *En Mallorca se pueden hacer excursiones a la montaña.*

ACT 1 - **campusdifusión**

- Texto mapeado
- Texto locutado

7 EL PLACER DE VIAJAR

¿TE GUSTA ESTA HABITACIÓN?

2 a. En parejas. Lee los anuncios y habla con tu compañero/a. ¿Qué significan los símbolos?

ACT 2a - **campus**difusión

Texto mapeado
Texto locutado

Hotel Islas Honderos
Santa Ponsa

Situación
Cerca de la playa, con vistas al mar.

Alojamiento
Habitaciones con baño, calefacción, aire acondicionado, TV, wifi y minibar.

Servicios
Desayuno bufé, restaurante con terraza, gimnasio, sauna, piscina, discoteca, aparcamiento.

Finca Costa Tramontana
Tramontana

Situación
En la Sierra de Tramontana, a pocos metros de la costa.

Alojamiento
4 dormitorios con baño, salón con sofá cama y TV, decoración de estilo tradicional. Terraza.

Servicios
Restaurante con cocina regional, 1000 m² de jardín, piscina, aparcamiento, pista de tenis y alquiler de bicicletas.

- *El primero significa baño.*

b. ¿Qué alojamiento prefieres? ¿Por qué?

- *Yo prefiero la finca Costa Tramontana porque se pueden alquilar bicicletas.*

c. ¿Cómo tiene que ser un alojamiento para ti durante tus vacaciones?

- *Para mí un hotel tiene que tener el desayuno incluido.*

✏ **1, 2**

3 Lee este diálogo y complétalo con las palabras de las etiquetas.

| reserva | piscina | trabajo | acondicionado | vistas | aparcamiento |
| habitación | desayuno | precio | internet | baño completo |

- Buenos días. Hotel Paraíso.
- Buenos días. Quería reservar una _____ para los días 14 y 15.
- ¿Doble o individual?
- Individual y con _____, por favor. ¿El hotel tiene gimnasio y piscina?
- Lo siento, no tenemos gimnasio, pero hay _____ y sauna.
- ¿Y la conexión a _____ es buena? Viajo por _____.
- Sí, hay wifi en todas las habitaciones.
- ¿El _____ de la habitación incluye el desayuno?
- Sí, por supuesto. El _____ está incluido. Es bufé libre.
- ¿Las habitaciones tienen aire _____, verdad?
- Sí. Y _____ al mar.
- Muy bien. ¿Cuánto cuesta la habitación?
- Son 75 euros la noche. ¿Hacemos la _____?
- Sí, perfecto. Llegaré el día 14 sobre las nueve de la noche.
- Perfecto. Si viene en coche, tenemos _____ gratis para clientes.
- Estupendo. Muchas gracias.

Tipos de alojamiento
una habitación
> doble
> individual
> exterior
> interior
> tranquila
> ruidosa
> con ducha
> con baño completo
> con balcón
> con vistas al mar
> con televisión
> con wifi
> para 3 noches
> para 1 semana

un hotel
una casa rural
> con aparcamiento
> con piscina

88 ochenta y ocho

¿QUÉ ME RECOMIENDAS?

ACT 4a - campusdifusión

> **Gramaclips** › Gustar

4 a. 🔊 34 – Escucha el diálogo. Lorena pide recomendaciones a un amigo de Mallorca. ¿Qué lugar le recomienda?

b. 🔊 34 – Escucha otra vez y marca verdadero (V) o falso (F), según las preferencias de sus padres.

	V	F
1. A su padre **le** gusta la montaña.	○	○
2. A su madre **le** encanta la playa.	○	○
3. No **les** molesta el ruido.	○	○
4. A su madre **le** gusta hacer deporte.	○	○
5. A su padre **le** interesa la naturaleza.	○	○
6. A ambos **les** interesa un hotel barato.	○	○

5 Mira la tabla y complétala con los pronombres.

PRONOMBRES TÓNICOS		PRONOMBRES ÁTONOS	
(A mí)		**me**	
(A ti)		**te**	
(A él / ella / usted)	(no)	....	gusta Mallorca.
(A nosotros/as)		**nos**	encantan los museos.
(A vosotros/as)		**os**	interesa hacer deporte.
(A ellos / ellas / ustedes)		....	molesta el ruido.

Pronombres tónicos

Además de **me**, **te**, **le**..., añadimos **a** + pronombre tónico cuando queremos resaltar la persona de la que hablamos:

- ¿Qué les gusta a tus padres?
- **A él** le encanta la playa y **a ella** leer.

6 Escribe cuatro o cinco preguntas para conocer los gustos de tu compañero/a cuando viaja y toma notas.

¿Te gusta caminar?

7 Escribe el perfil de tu compañero/a como viajero/a. Puedes añadir una foto.

A Martha le gusta mucho...

📝 3, 4, 17

7 EL PLACER DE VIAJAR

GUSTOS Y PREFERENCIAS

8 ¿Entiendes el significado de **también** y **tampoco** en estas situaciones? Traduce estos diálogos a tu lengua.

9 Ahora habla con otras personas de la clase y comparte tus gustos cuando estás de viaje o de vacaciones.

| me encanta | (no) me gusta | me molesta |

- *Me encanta la comida picante.*
- *Pues a mí no.*

5, 6, 19, 24

10 a. Lee este texto sobre las vacaciones de Thomas y responde.

> Me llamo Thomas y tengo 58 años. Cada año vengo a Mallorca de vacaciones porque me gusta mucho el clima y la comida. Tengo muchos amigos que también vienen cada verano. Mi rutina es simple: voy a la playa, hago excursiones por la naturaleza, salgo a pescar y nunca digo que no a una buena cena... Cada año paso aquí cuatro o cinco semanas. Normalmente, prefiero los meses de junio y julio, pero si puedo, estoy aquí hasta septiembre.

ACT 10 a - campusdifusión

☰ Texto mapeado
🔊 Texto locutado

	V	F
1. Thomas veranea en Mallorca cada año.	☐	☐
2. Conoce a mucha gente que vive en la isla.	☐	☐
3. A Thomas no le gusta la comida de Mallorca.	☐	☐
4. Siempre viaja a la isla en verano.	☐	☐
5. A Thomas no le gusta la rutina, prefiere improvisar.	☐	☐

Verbos con -g- en la primera persona
- hacer: **hago**, haces, ...
- poner: **pongo**, pones, ...
- venir: **vengo**, vienes, ...
- decir: **digo**, dices, ...
- salir: **salgo**, sales, ...
- traer: **traigo**, traes, ...

b. Haz una lista con los verbos del texto y escribe su infinitivo.

me llamo → llamarse →
→ →
→ →
→ →
→ →
→ →
→

9, 10

EXPERIENCIAS DE VIAJES

11 a. Lee este correo electrónico y marca las actividades que hace Lucía en sus vacaciones.

ACT 11a - campusdifusión

Texto mapeado
Texto locutado

Mensaje nuevo

Queridos Javi y Montse:

¡La isla es una maravilla! En estas vacaciones he vivido experiencias inolvidables. Hasta ahora he visitado el centro histórico de La Habana, he paseado por el malecón e incluso he bailado salsa. Pero también he visto el famoso Ballet Nacional de Cuba y he ido a un concierto al aire libre.

Esta mañana he hecho una excursión a una fábrica de tabaco. Hemos ido en autobús, que aquí se llama "guagua". Todavía no he tenido tiempo para tomar el sol en la playa o nadar en el Caribe, y solo tengo dos días más. ¡Es que el tiempo pasa volando! No quiero volver a España. Y vosotros, ¿ya habéis comprado los billetes para Mallorca?

Un abrazo,
Lucía

- visitar La Habana
- tomar el sol
- pasear por el malecón
- ir a un concierto
- nadar
- bailar salsa
- pasear por la playa
- beber ron
- visitar una fábrica de tabaco

b. Marca en el correo todos los verbos en pretérito perfecto y completa la tabla.

7-9

EL PRETÉRITO PERFECTO			FORMAS IRREGULARES	
he			decir	dicho
has	visit___	-ar	hacer	
ha	com**ido**	-er	poner	puesto
hemos	viv___	-ir	ver	
habéis			escribir	escrito
han			volver	vuelto

El pretérito perfecto

El pretérito perfecto se usa para acciones pasadas
• dentro de un período de tiempo no terminado, con expresiones como **hoy**, **esta semana**, **este año**...
• cuando hacemos referencia a experiencias con expresiones como **ya**, **alguna vez**, **todavía (no)**.

c. Ahora, subraya en el correo las expresiones de tiempo que acompañan a los verbos en pretérito perfecto y escribe una frase con cada una.

En estas vacaciones he conocido a mucha gente nueva.

---

12 a. Completa estas frases con las formas del pretérito perfecto.

| comer | dormir | estar | hablar | hacer | pasar | visitar |

1. ¿Has _____ alguna vez en un hotel de 5 estrellas? ¿Dónde?
2. ¿Has _____ alguna vez platos típicos de México? ¿Cuáles?
3. ¿Has _____ alguna vez español en un viaje? ¿Con quién?
4. ¿Has _____ en España o en Latinoamérica? ¿Dónde?
5. ¿Has _____ alguna vez un museo de historia? ¿Dónde?
6. ¿Has _____ un viaje organizado? ¿Adónde?
7. ¿Has _____ alguna vez las vacaciones en tu país? ¿Dónde?

b. Haz las preguntas del cuestionario a dos compañeros/as. Luego presenta en clase dos datos interesantes.

ACT 12b - campusdifusión

› **Cápsulas de fonética** ›
Entonación de preguntas parciales y su respuesta

10, 20-22

7 EL PLACER DE VIAJAR

EXPERIENCIAS DE VIAJES

13 Cada persona piensa en sus últimas vacaciones y escribe cinco frases: cuatro verdaderas y una falsa. Luego, lee las frases. ¿Quién adivina la frase falsa?

14 En los viajes, ¿organizas o improvisas? Mañana te vas de viaje a Ecuador con otra persona de la clase. Comenta con él o ella los preparativos del viaje. Utiliza las expresiones de la lista y añade información nueva.

- comprar los billetes
- alquilar un coche
- cambiar dinero
- reservar el hotel
- bajarse / comprarse una guía de Ecuador
- contactar con el consulado
- reservar mesa en un restaurante
- hacer el equipaje
- vacunarse
- hacer el itinerario del viaje
- cambiar dinero
- …

> ACT 14 - **campusdifusión**
>
> › **Los lex** › De viaje A1

- ¿Has comprado los billetes?
- Sí, ya los he comprado.

15 a. 🔊 35 – Grizel habla de sus vacaciones. Escucha y toma notas.

1. ¿A dónde ha ido?
2. ¿En qué medio de transporte?
3. ¿Qué tal el viaje?

b. 🔊 35 – Escucha otra vez y marca la información correcta.

- ⚪ Los autobuses son muy buenos.
- ⚪ Yucatán le ha gustado mucho.
- ⚪ Ha viajado mucho en coche.
- ⚪ Las ciudades mayas le han impresionado mucho.
- ⚪ Ha comido platos típicos muy ricos.
- ⚪ Ha tenido muchos problemas en el viaje.

16 a. Mira la tabla y complétala. ¿Cómo se dice **muy** y **mucho** en tu lengua?

MUCHO/A/OS/AS	MUY	MUCHO
much**o** turismo	Es una casa **muy** bonita.	Me interesa **mucho**.
_____ gente	Aquí se vive **muy** bien.	Vamos _____ a la playa.
_____ hoteles	Un viaje _____ interesante.	Me gusta **mucho** viajar.
much**as** ideas	Comemos platos **muy** ricos.	Viajo **mucho** en tren.

> **¿Muy o mucho?**
>
> _____ se usa delante de adjetivos y adverbios, _____ se usa después de verbos.

b. Lee y completa con **muy** o **mucho/a/os/as**.

" A nosotros nos gusta _mucho_ viajar, pero a veces es caro, sobre todo si vamos a un hotel. Tenemos _____ problemas porque somos una familia _____ grande y por eso vamos a la casa de los abuelos en el campo.
Además, para mí es _____ difícil encontrar un hotel adecuado porque el ruido me molesta _____. En mi trabajo viajo bastante. Este año, por ejemplo, he viajado _____ y he estado en _____ hoteles _____ ruidosos. ¡Y yo necesito _____ silencio! "

📝 11, 23

NO HAY NADA PERFECTO

17 a. 36-38 – Escucha estas conversaciones y anota al lado de cada una dónde pasan estas situaciones.

b. 36-38 – Escucha otra vez y lee los diálogos. Luego busca las expresiones adecuadas para completar la tabla de abajo.

ACT 17 - campusdifusión

Texto mapeado

1 _____

- Oiga, por favor.
- Dígame.
- Perdone, pero no he pedido sopa, sino ensalada.
- ¿Ensalada? Disculpe, ahora mismo la traigo.
- No pasa nada.

2 _____

- Buenas noches.
- Buenas noches. ¿En qué le puedo ayudar?
- Mire, es que tengo un pequeño problema. He reservado la habitación con bañera y solo tengo ducha.
- Lo siento. Ha sido un error. Enseguida le damos una con bañera.
- Está bien. Gracias.

3 _____

- Buenas tardes.
- Buenas tardes. Mire, ya hemos llamado por teléfono. Tenemos un problema con el coche que hemos alquilado esta mañana. Es que el aire acondicionado no funciona.
- Ah, sí, perdone las molestias. Ya tenemos otro coche para usted. Aquí están las llaves.
- Gracias. Muy amable.

¡QUÉ CALOR!

DIRIGIRSE A ALGUIEN PARA RECLAMAR	DISCULPARSE	ACEPTAR DISCULPAS
Oiga, por favor.		

c. En parejas, prepara y practica los diálogos de estas dos situaciones para reclamar, disculparte y aceptar disculpas.

1. **En un restaurante**, estás enfadado/a porque no te han traído lo que has pedido. En vez de un agua con gas, te han traído agua sin gas. La pizza lleva jamón en vez de salami y te han servido vino tinto en lugar de blanco. Llamas al / a la camarero/a.

2. **En un hotel**, estás enfadado/a porque no te han reservado lo que has pedido. Querías una habitación exterior con bañera y balcón, y te han dado todo lo contrario. Hablas con la persona de la recepción.

12, 13

7 EL PLACER DE VIAJAR

MÁS QUE PALABRAS

18 Palabras en compañía. Anota combinaciones posibles y añade otras. Luego comparte tus listas con el resto de la clase.

- viaje
- hotel
- habitación
- restaurante

doble	por España	con bañera	de una semana	en un tren
ruidoso/a	con cocina tradicional		al Caribe	con dos camas
para una semana	con terraza	interior	con balcón
con vistas al mar	de 3 estrellas	típico/a	con piscina
elegante	barato/a	con la familia	a 10 minutos del centro

un viaje por España,

19 Escribe los contrarios de estas palabras o expresiones. Puede haber más de una posibilidad. Si lo necesitas, puedes usar el diccionario. Luego, compara con tus compañeros/as.

1. Barato/a
2. Ruidoso/a
3. Doble
4. Cerca del centro
5. Elegante
6. Divertido/a
7. Cama individual
8. Cocina tradicional
9. Hacer una reserva
10. Viaje cultural

TAREA FINAL: UNA INFOGRAFÍA DE MIS VACACIONES

20 Has ido a Mallorca de vacaciones. Mira el ejemplo y crea tu propia infografía con imágenes y textos para resumir tu viaje. Luego, preséntalo en clase.

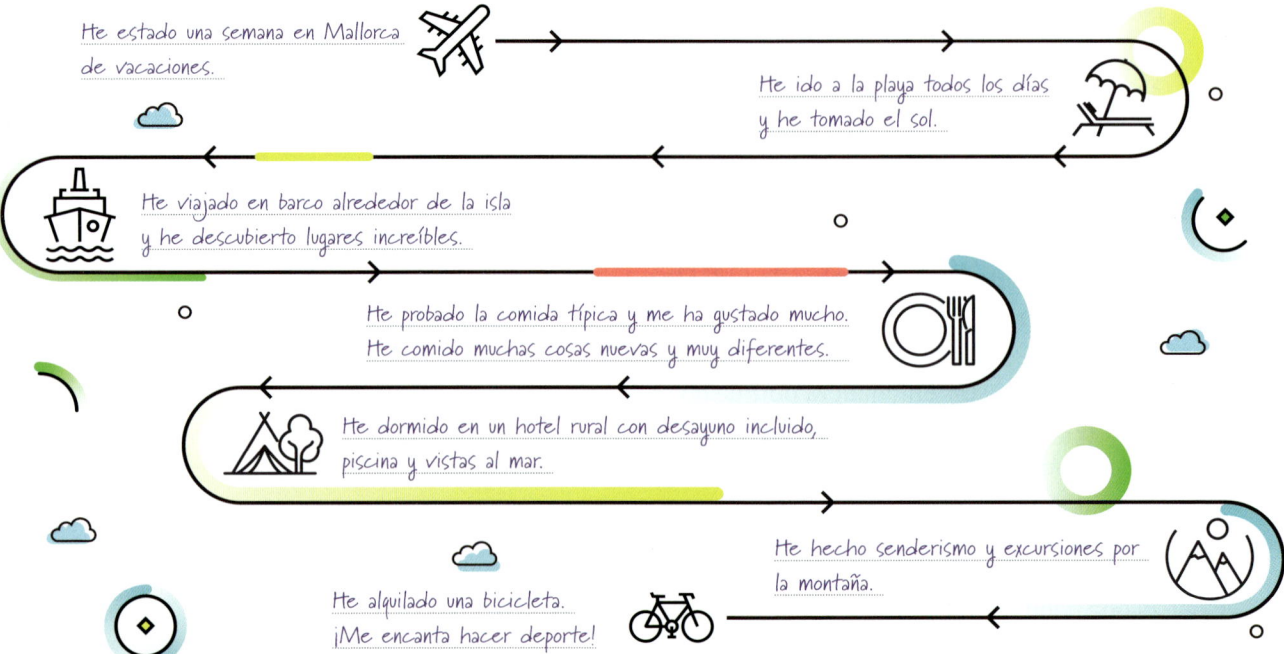

He estado una semana en Mallorca de vacaciones.

He ido a la playa todos los días y he tomado el sol.

He viajado en barco alrededor de la isla y he descubierto lugares increíbles.

He probado la comida típica y me ha gustado mucho. He comido muchas cosas nuevas y muy diferentes.

He dormido en un hotel rural con desayuno incluido, piscina y vistas al mar.

He alquilado una bicicleta. ¡Me encanta hacer deporte!

He hecho senderismo y excursiones por la montaña.

VÍDEO

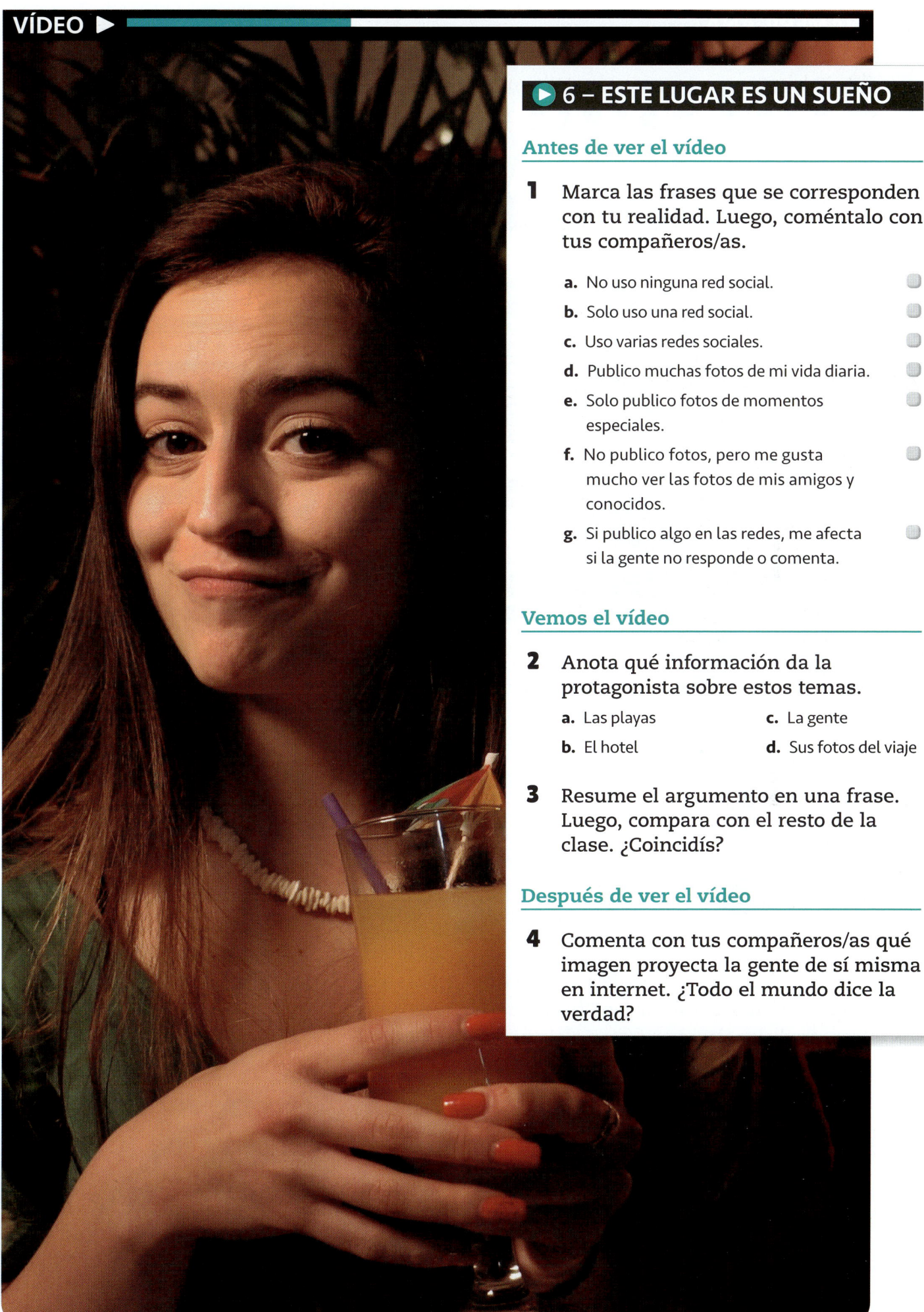

▶ 6 – ESTE LUGAR ES UN SUEÑO

Antes de ver el vídeo

1 Marca las frases que se corresponden con tu realidad. Luego, coméntalo con tus compañeros/as.

- a. No uso ninguna red social.
- b. Solo uso una red social.
- c. Uso varias redes sociales.
- d. Publico muchas fotos de mi vida diaria.
- e. Solo publico fotos de momentos especiales.
- f. No publico fotos, pero me gusta mucho ver las fotos de mis amigos y conocidos.
- g. Si publico algo en las redes, me afecta si la gente no responde o comenta.

Vemos el vídeo

2 Anota qué información da la protagonista sobre estos temas.

- a. Las playas
- b. El hotel
- c. La gente
- d. Sus fotos del viaje

3 Resume el argumento en una frase. Luego, compara con el resto de la clase. ¿Coincidís?

Después de ver el vídeo

4 Comenta con tus compañeros/as qué imagen proyecta la gente de sí misma en internet. ¿Todo el mundo dice la verdad?

7 EL PLACER DE VIAJAR

PANAMERICANA
ECUADOR

¡Hola! Me llamo Héctor y soy ecuatoriano. Vivo en Bélgica y soy profesor de español. Estoy muy feliz de presentarles mi país.

Ecuador es el segundo productor de cacao en Latinoamérica, por detrás de Brasil. El cacao es una planta tropical y sus semillas son la base del chocolate.

En muchas regiones del país se puede hacer turismo rural en las "haciendas", casas tradicionales que ofrecen alojamiento y, además, muchas posibilidades para hacer excursiones. También hay haciendas en "la ruta del cacao" con visitas guiadas para ver su producción. Es una oportunidad maravillosa para disfrutar de la naturaleza y además aprender cómo se produce el cacao.

Si quieres pasar unos días inolvidables en el paraíso, visita las islas Galápagos. Son catorce islas que están en el océano Pacífico, a casi 1000 km del continente. Allí se pueden observar animales increíbles, como iguanas y tortugas. El 97 % del territorio es parque nacional. Las islas son un tesoro que tenemos que proteger.

Otro lugar que a mí me gusta mucho es el mirador de Catequilla. Por Catequilla pasa el ecuador, una línea imaginaria que

Quito, Ecuador

divide el mundo en el hemisferio norte y el hemisferio sur. Allí hay un monumento de nuestras antiguas culturas que tiene más de nueve siglos. Es un observatorio natural a 2800 metros de altura. El cielo toca la tierra, es maravilloso.

La ciudad más grande de Ecuador es Guayaquil, en la costa del Pacífico, pero Quito, la capital, es visita obligatoria porque forma parte del Patrimonio Cultural de la Humanidad.

1 Marca la palabra o expresión clave de cada párrafo. Luego, compara tus respuestas con el resto de la clase.

2 ¿Verdadero (V) o falso (F)? Corrige las frases falsas.

	V	F
1. Ecuador es el país de Latinoamérica que más cacao exporta.	◯	◯
2. Las haciendas son casas tradicionales que ofrecen alojamiento en las ciudades.	◯	◯
3. Prácticamente todo el territorio de las islas Galápagos es parque natural.	◯	◯
4. El ecuador divide el planeta en dos hemisferios.	◯	◯
5. Guayaquil es la capital de Ecuador.	◯	◯

3 ¿Hay algún lugar en tu país que sea Patrimonio Cultural de la Humanidad? Escribe un breve resumen.

PANAM - campusdifusión ✏ 26

- Texto mapeado
- Texto locutado

7 EL PLACER DE VIAJAR

COMUNICACIÓN

RESERVAR UNA HABITACIÓN DE HOTEL

Quiero una habitación...			
doble.	individual.	exterior.	interior.
con ducha.	con baño completo.	con balcón.	con vistas al mar.
para tres noches.	para una semana.		

PEDIR INFORMACIÓN

¿**El precio es con** desayuno incluido?

¿**El** hotel **tiene** garaje / piscina / aire acondicionado?

¿**Dónde puedo** alquilar un coche / una bicicleta?

¿**A qué hora** sale el próximo autobús para el aeropuerto?

DIRIGIRSE A ALGUIEN PARA RECLAMAR	DISCULPARSE	ACEPTAR DISCULPAS
Oiga, por favor...	**Disculpe**.	**No pasa nada**.
Mire, es que tengo un pequeño problema.	**Lo siento. Ha sido un error**.	**Está bien, gracias**.
Perdone, pero la ducha está un poco sucia.	**Perdone las molestias**.	**Gracias, muy amable**.

	EXPRESAR ACUERDO	EXPRESAR DESACUERDO
• Viajo mucho.	▪ Yo también.	♦ (Pues) Yo no.
• No como carne.	▪ Yo tampoco.	♦ (Pues) Yo sí.
• Me encanta la playa.	▪ A mí también.	♦ (Pues) A mí no.
• No me gustan los hoteles.	▪ A mí tampoco.	♦ (Pues) A mí sí.

MARCADORES TEMPORALES

hoy

esta mañana / tarde / noche

este fin de semana / mes / año

alguna vez

muchas veces

ya

todavía no

nunca

¿YA HABÉIS TERMINADO EL EXAMEN?

YO SÍ. YA HE TERMINADO.

TODAVÍA NO, ¡UN MOMENTITO!

GRAMÁTICA

LOS PRONOMBRES DE OBJETO INDIRECTO

TÓNICOS	ÁTONOS	
(A mí)	**me**	
(A ti)	**te**	
(A él / ella / usted)	**le**	gusta viajar.
(A nosotros/as)	**nos**	encantan los museos.
(A vosotros/as)	**os**	interesa Mallorca.
(A ellos / ellas / ustedes)	**les**	molesta el ruido.

Además de **me**, **te**, **le**..., añadimos **a** + pronombre tónico cuando queremos resaltar la persona de la que hablamos. Sin embargo, los pronombres tónicos no pueden sustituir a los átonos.

- **A mí me** gusta mucho viajar = **Me** gusta mucho viajar.

Cuando el objeto está delante del verbo, tiene que repetirse con un pronombre átono.

- **A Carmen le** gusta la montaña.

MUCHO/A/OS/AS

mucho turismo
mucha gente
muchos problemas
muchas ideas

MUY / MUCHO

Es una casa muy bonita.
Aquí se vive muy bien.
Me interesa mucho.
Vamos mucho a la playa.

Mucho/a concuerda con el nombre.
Muy acompaña a adjetivos y adverbios.
Mucho va detrás del verbo o solo y es invariable.

- ¿Te gusta la montaña?
- Sí, **mucho**.

VERBOS IRREGULARES CON -G- EN LA PRIMERA PERSONA

HACER	PONER	SALIR	TRAER	DECIR	VENIR
ha**go**	pon**go**	sal**go**	tra**igo**	di**go**	ven**go**
haces	pones	sales	traes	dices	vienes
hace	pone	sale	trae	dice	viene
hacemos	ponemos	salimos	traemos	decimos	venimos
hacéis	ponéis	salís	traéis	decís	venís
hacen	ponen	salen	traen	dicen	vienen

EL PRETÉRITO PERFECTO

	HABER	PARTICIPIO
yo	he	
tú	has	
él, ella, usted	ha	visit**ado** (-ar)
nosotros, nosotras	hemos	com**ido** (-er)
vosotros, vosotras	habéis	viv**ido** (-ir)
ellos, ellas, ustedes	han	

Las formas de **haber** van siempre delante del participio.

- Este año **he viajado** a Mallorca.

El pretérito perfecto se usa para acciones pasadas
- dentro de un período de tiempo no terminado, con expresiones como **hoy**, **esta semana**, **este año**...
- cuando hacemos referencia a experiencias con expresiones como **alguna vez**, **todavía no**, **ya**, **muchas veces**, **nunca**...

PARTICIPIOS IRREGULARES

HACER	DECIR	PONER	VER	IR	SER	ABRIR	ESCRIBIR	VOLVER
hecho	dicho	puesto	visto	ido	sido	abierto	escrito	vuelto

- *Me llamo Sara Márquez y soy de Perú. Soy periodista y me encanta viajar. Este año ya he visitado varios países de la Panamericana. He ido a México, El Salvador y Colombia. Esta semana he llegado a Ecuador y he ido a las islas Galápagos. He visto animales y lugares increíbles y he hecho muchísimas fotos.*

8 MIRADOR

Unidad de repaso

HABLAMOS DE CULTURA: NO TODO ES DIFERENTE

1 a. Marca en el cuestionario tu respuesta personal. Luego, compara los resultados con los de tus compañeros/as.

1. Un bar es para mí un lugar
   - ⬤ para tomar copas.
   - ⬤ para cenar.
   - ⬤ para encontrarse con amigos/as.

2. Normalmente voy a un bar
   - ⬤ por la mañana.
   - ⬤ por la tarde.
   - ⬤ por la noche.

3. Si voy con amigos/as a un bar de tapas,
   - ⬤ cada persona pide una o dos tapas.
   - ⬤ pedimos tapas para todos/as.
   - ⬤ una persona decide por todos/as.

4. Si voy con amigos/as a un bar,
   - ⬤ cada persona paga su bebida / comida.
   - ⬤ alguien paga toda la cuenta.
   - ⬤ la cuenta se divide entre todos/as.

5. En mi país cenamos normalmente
   - ⬤ a las seis.
   - ⬤ entre las seis y las ocho.
   - ⬤ después de las ocho.

6. Si no hay una mesa libre,
   - ⬤ voy a otro bar / restaurante.
   - ⬤ espero en la barra.
   - ⬤ pregunto si puedo compartir una mesa.

NO HAY RESPUESTAS CORRECTAS NI INCORRECTAS.

b. 🔊 39 – Escucha una entrevista con hispanohablantes de diferentes países y responde.

1. ¿Qué se hace normalmente en un bar?
2. ¿Qué se toma en España en un bar después del trabajo?
3. ¿Hay bares de tapas en todos los países hispanohablantes?
4. Según el audio, ¿quién suele pagar lo que come o bebe?
5. ¿A qué hora se cena en España, Bolivia, Argentina y Chile?

2 ¿Quieres ampliar tus conocimientos sobre la cultura de los países hispanohablantes? Lee y relaciona.

1. Una cesta
2. La cuenta
3. En un taxi
4. El desayuno
5. La propina
6. Un estanco

- ⬤ los pasajeros no se sientan al lado del taxista.
- ⬤ en un restaurante la paga una persona o se divide entre todos.
- ⬤ es una pequeña tienda que vende sellos, postales y cigarrillos.
- ⬤ de Navidad es un regalo típico con especialidades de comida.
- ⬤ no siempre está incluido en el precio de un hotel.
- ⬤ es el dinero que se da al / a la camarero/a por el servicio; se deja en la mesa.

AHORA YA SABEMOS

3 a. Comprar en el mercado. ¿Quién dice estas frases normalmente?

	el / la vendedor/a	el / la cliente/a	ambos/as
1. Aquí tiene.	☐	☐	☐
2. ¿Algo más?	☐	☐	☐
3. Deme medio kilo.	☐	☐	☐
4. ¿Cuánto es?	☐	☐	☐
5. Eso es todo.	☐	☐	☐
6. ¿Tiene manzanas?	☐	☐	☐
7. En total son 12 euros.	☐	☐	☐
8. Sí, 100 g de jamón.	☐	☐	☐
9. Lo siento, hoy no tengo.	☐	☐	☐
10. ¡Hasta la próxima!	☐	☐	☐

b. 🔊 40 – Escucha estas cuatro preguntas y anota el número en la respuesta correspondiente.

☐ En la estación directamente. Hay una aquí cerca.   ☐ No, es interior y muy tranquila.

☐ Claro. El Sol es bueno y no es muy caro.   ☐ A las ocho de la tarde.

c. 🔊 41 – Escucha y haz lo mismo con estas preguntas.

☐ Sí, todos los días a las 11 h.   ☐ Entre 15 y 30 euros.

☐ En julio no, solo en agosto.   ☐ En la próxima parada.

4 a. Piensa en una ciudad y responde a estas preguntas. Tus compañeros/as adivinan.

1. ¿Cómo es? ....
2. ¿Dónde está? ....
3. ¿Qué hay? ....
4. ¿Qué te gusta? ....
5. ¿Qué no te gusta? ....

b. ¿Qué te gusta hacer cuando visitas una ciudad por primera vez? Puedes añadir otras actividades. Marca y compara con tus compañeros/as. 📝 1-3

☐ visitar monumentos   ☐ hacer fotos   ☐ hacer un recorrido en bici
☐ ir a museos   ☐ tomar algo en una terraza   ☐ pasear por el centro a pie
☐ ir de compras   ☐ probar la comida típica   ☐ ir a conciertos / al cine

8 MIRADOR

APRENDER A APRENDER

5 Muchas palabras se parecen en distintos idiomas y son fáciles de entender, pero también existen los falsos amigos. Son palabras que suenan igual o muy parecidas, pero tienen un significado diferente. Mira estas palabras. ¿Se parecen a palabras de tu lengua o de otras que conozcas? Coméntalo con tus compañeros/as.

- ◯ rizo
- ◯ nudo
- ◯ curso
- ◯ nota
- ◯ ganga
- ◯ suceso
- ◯ latir
- ◯ tapa
- ◯ balón
- ◯ carta

6 a. Escribe 15 palabras en una hoja y dásela a tu compañero/a. Cada persona memoriza en un minuto el mayor número posible de palabras. Luego, sin mirar, escribe todas las palabras que recuerdes. ¿Tienes más de siete?

b. ¿Has usado alguna de estas técnicas? ¿Cuál te parece más útil? ¿Por qué?

- ◯ usar las palabras en una historia
- ◯ construir una frase de ejemplo
- ◯ relacionar las palabras con movimientos
- ◯ hacer rimas
- ◯ clasificar las palabras por grupos
- ◯ decir las palabras en alto
- ◯ crear parejas de antónimos
- ◯ escribir las palabras

c. Repite el experimento con otras palabras e intenta usar una nueva técnica de memorización. ¿Funciona? Coméntalo con tus compañeros/as.

7 a. Comprender oralmente una lengua extranjera puede ser más difícil que comprenderla por escrito. Dependiendo del tipo de texto, usamos distintas técnicas. ¿Qué tipo de comprensión es necesaria en estos casos? Relaciona.

1. Captar el sentido.   **a.** 🔊 42 – Preguntar la hora.

2. Filtrar cierta información.   **b.** 🔊 43 – Descripción de la ruta en Bogotá.

3. Entender todo exactamente.   **c.** 🔊 44 – Viaje de Grizel a Yucatán.

b. ¿Cómo escuchas en estas situaciones? Relaciona con el tipo de comprensión de **a**. Luego, comenta tus respuestas con el resto de la clase. ¿Estáis de acuerdo? ✏ 4

- ◯ Escuchas el pronóstico del tiempo para este fin de semana.
- ◯ Escuchas en la radio una entrevista a un/a escritor/a que te gusta.
- ◯ Ves un vídeo de una receta que quieres preparar.
- ◯ En el aeropuerto anuncian la salida de tu vuelo.
- ◯ Una persona te explica cómo llegar al centro desde la estación de tren.
- ◯ Escuchas un pódcast sobre turismo en Cuba.

TERAPIA DE ERRORES

8 **a.** Ulrike está en Bolivia y escribe a una amiga española. Lee y corrige los errores.

b. Compara tus resultados con un/a compañero/a.

c. Reescribe ahora la carta sin errores. Ya tienes un modelo de carta para tu dosier. 📄5

9 Lee las instrucciones y juega.

> LOS ERRORES FORMAN PARTE DEL PROCESO DE APRENDIZAJE. INDICAN QUE ESTÁS APRENDIENDO ALGO NUEVO. SI LES DEDICAS TIEMPO, VERÁS DÓNDE ESTÁ EL PROBLEMA Y PODRÁS CORREGIRLOS.

Hola Montse:

¿Qué tal? Por fin soy en Bolivia. Vivo con una familia muy sympática. La madre se llama Carmen y trabaja en una officina a Cochabamba. El padre se llama Ignacio y es taxisto. Habla muy rápido y muchas vezes no entiendo nada.

Yo trabaja en una escuela al centro de Cochabamba (clases d'anglese). Me pagan mil cincuentos pesos. (¡Sí, 1500!) Apriendo Español por la mañana pero está muy difficil.

Todavía he no ido a La Paz, La capital. Voy en octobre. Quiero la visitar y ver los museos y monumentos.

Y tu como estás? Vas en Allemania con coche?

Saludos,
Ulrike

COMPRAR — ¿Dónde se compran los sellos?

COMER Y BEBER — Yo bebo vino y vosotros *bebéis* agua.

VIAJAR — Una habitación ruidosa ≠ Una habitación tranquila

Se reparten 12 cartas para cada estudiante de tres colores distintos (un color por tema: **viajar**, **comer y beber**, **comprar**). Cada estudiante escribe una frase o una pregunta de gramática, vocabulario o información en cada carta, como en el ejemplo.

Se recogen todas las cartas y se colocan por colores en tres montones.

Se forman grupos de cuatro. Cada grupo recibe el mismo número de cartas de cada color y las pone bocabajo sobre la mesa.

Se juega en el tablero con una ficha y un dado por jugador/a.

Cada jugador/a empieza desde una esquina y avanza en el sentido de las agujas del reloj. El / La jugador/a toma el color de la carta que corresponde con el de la casilla donde cae en cada ronda y resuelve la tarea. Si la resuelve bien, se queda la carta; si no, la vuelve a poner en el montón, debajo de todas. En la casilla **PAUSA**, se pierde un turno.

El juego termina cuando no quedan cartas.
Gana la persona que termina el juego con más cartas.

9 CAMINANDO

Comunicación
- Hablar de la ropa y los colores
- Hablar de los materiales
- Señalar algo
- Describir la rutina diaria
- Describir un proceso
- Dar consejos
- Comparar algo
- Hablar del clima

Léxico
- La ropa
- Los colores
- Los materiales
- El clima

Gramática
- La comparación
- Los verbos reflexivos
- El verbo **conocer** en presente
- El objeto directo de persona
- Los demostrativos
- **Estar** + gerundio
- Algunos gerundios irregulares

Cultura
- El Camino de Santiago
- El Camino Inca
- **Vídeo 7** El compañero de piso
- **PANAMERICANA** Perú

Gafas de sol naranjas
69 €

Mochila roja
75 €

Pantalones vaqueros azules
150 €

Chaqueta verde
200 €

Falda gris
53 €

Gorro negro
28 €

Camiseta rosa de algodón
45 €

FILTRAR POR COLOR

- blanco/a
- negro/a
- rojo/a
- amarillo/a
- gris
- azul
- verde
- marrón
- naranja
- rosa

Calcetines amarillos
11 €

Jersey de lana blanco
135 €

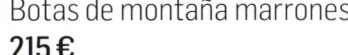

Botas de montaña marrones
215 €

Camisa de cuadros roja y blanca
66 €

No necesitas mucho, solo lo más importante

1 Clasifica los productos según las palabras de las etiquetas y añade otros.

| Ropa | Calzado | Complementos |

2 Piensa en más ropa, calzado o complementos que puedes necesitar para pasar unos días en la montaña. Luego ponlo en común con la clase.

- *Yo tengo una camiseta térmica, unos...*

3 ¿Tienes un color o colores preferidos para la ropa?

- *Los pantalones vaqueros me gustan negros o azules.*

ACT 1-3 - campusdifusión

› **Los lex** › La ropa A1
› **Gramaclips** › Los colores
› **Cápsulas de fonética** › La erre

1, 2

9 CAMINANDO

EL CAMINO DE SANTIAGO

4   a. 🔊 45– ¿Conoces el Camino de Santiago? Lee las frases y relaciónalas. Después escucha la entrevista y comprueba.

1. El Camino de Santiago es
2. La gente hace el camino
3. La ruta más famosa
4. La mejor época para hacer el camino
5. Los albergues de peregrinos

a. es la primavera.
b. por motivos turísticos o religiosos.
c. una ruta de peregrinación.
d. son alojamientos sencillos y baratos.
e. es el Camino Francés.

b. 🔊 45– Escucha otra vez y marca verdadero (V) o falso (F).

	V	F
1. La ruta más famosa es el Camino del Norte.	○	○
2. El Camino del Norte es más largo que el Camino Francés.	○	○
3. Los motivos turísticos son tan importantes como los religiosos.	○	○
4. La mejor época para ir a Santiago es verano, en julio o agosto.	○	○
5. Los albergues son más baratos que los hoteles, pero tienen menos comodidades.	○	○

Las estaciones del año
› la primavera
› el verano
› el otoño
› el invierno

c. Completa la tabla con la ayuda de las frases de **4b**.

LA COMPARACIÓN	
DESIGUALDAD	Los albergues cuestan ___menos___ ___que___ los hoteles. Los hoteles son ___ caros ___ los albergues.
IGUALDAD	El Camino del Norte es ___ bonito ___ el Camino Francés.
SUPERLATIVO	La ruta ___ famosa es el Camino Francés. El mes ___ aconsejable para hacer el camino es enero.

5 ¿**Más** o **menos**, **mejor** o **peor**? Completa las frases. Luego, compara los resultados con tus compañeros/as.

1. Los hoteles del camino son ___ cómodos ___ los albergues.
2. Para caminar, una maleta es ___ una mochila.
3. Para caminar es ___ llevar botas o zapatos ___ sandalias.
4. En abril y mayo hay ___ turistas ___ en julio o agosto.
5. Enero y febrero son los meses con ___ peregrinos.
6. Es ___ caminar con lluvia y frío ___ con buen tiempo.

Comparativos irregulares

grande → mayor
bueno → mejor
malo → peor

ACT 5 - **campus**difusión

› **Gramaclips** › Comparativos

✎ 3-5, 28

LA RUTINA DE UN PEREGRINO

6 a. Lee el diario de Pedro y busca en estas etiquetas el título más adecuado para cada párrafo.

| Mis momentos | La paz de la noche | ¡A caminar! | Comienza el día | En el camino |

Texto mapeado

Texto locutado

Son las seis de la mañana. Sale el sol. Me levanto, me lavo y me pongo ropa cómoda. Desayuno con mis compañeros. Desayunamos bien porque necesitamos energía.
El día es largo y queremos caminar muchos kilómetros. Recogemos y guardamos todo en las mochilas.

Después de desayunar, estudiamos la ruta del día. Caminamos unos 25 kilómetros cada jornada. Nos ponemos sombrero y crema para protegernos del sol, y salimos.

Nunca nos aburrimos: conocemos a personas de muchos países, vemos paisajes diferentes... No tenemos prisa. Cuando nos cansamos, nos sentamos y hacemos una pausa para relajarnos un poco.

Después de comer, nos separamos. Me gusta tener tiempo de tomar fotos y hacer pausas para escribir.

Dormimos en albergues para peregrinos. Nos duchamos, cenamos bien y nos acostamos pronto. Yo siempre me acuesto el último porque me gusta mirar las estrellas. Si no llueve, claro...

b. Mira la tabla y completa los pronombres reflexivos con la ayuda del texto.

		LAVARSE	SENTARSE
yo		lavo	siento
tú	te	lavas	sientas
él, ella, usted	se	lava	sienta
nosotros/as		lavamos	sentamos
vosotros/as	os	laváis	sentáis
ellos, ellas, ustedes	se	lavan	sientan

c. Subraya en el texto los verbos reflexivos y escribe en tu cuaderno el infinitivo correspondiente.

me levanto → levantarse

d. Busca en el texto las actividades que hace Pedro y completa.

- **Antes de caminar**: *se levanta a las seis,* ....
- **Durante el camino**: ....
- **Después de caminar**: ....

e. Y tú, ¿qué actividades haces y en qué momento del día?

- *Yo, normalmente, me ducho por la noche.*

Los pronombres reflexivos

Los pronombres reflexivos **me**, **te**, **se**... van delante del verbo conjugado.

- **Me** levanto a las 7 h.

Sin embargo, en infinitivo van detrás de la terminación.

- Necesito lavar**me** las manos.

ACT 6 b - campusdifusión

› **Gramaclips** › Verbos reflexivos

ACT 6 d - campusdifusión

› **Clases de gramática** › Pronombres personales (2): se peina

› **Cápsulas de fonética** › Entonación: narración y enumeraciones

6-8, 25

9 CAMINANDO

TODOS LOS CAMINOS LLEVAN A SANTIAGO

7 a. ¿Por qué la gente hace el Camino de Santiago? Relaciona los elementos de cada columna para encontrar los motivos. Añade uno nuevo.

| Conocer
Visitar
Disfrutar
Encontrar | a
de
Ø | la naturaleza
iglesias
otros/as peregrinos/as
gente del lugar
la tranquilidad
lugares históricos
personas interesantes |

- Mucha gente hace el camino para conocer a personas interesantes.
- Sí, y también para...

b. ¿Quién hace estas cosas? Pregunta a tus compañeros/as y anota sus respuestas. Luego, pon en común los resultados con el resto de la clase.

- Ducharse con agua fría.
- Aburrirse si no tienes internet.
- Olvidarse las llaves frecuentemente.
- Dormirse en la clase de español.
- Concentrarse bien con música.
- Sentarse en la primera fila en el cine.
- Relajarse delante de la tele.
- Ponerse gafas para leer.
- Levantarse antes de las siete.
- Acostarse después de las once.

- ¿Te duchas con agua fría?

8 🔊 46 – Escucha a dos chicas que van a hacer el Camino de Santiago. ¿Qué tiene que comprar todavía una de ellas?

-
-
-

9 a. Mira la imagen y elige tres prendas u objetos para hacer el Camino de Santiago. Luego, compara con tu compañero/a.

- Yo elijo estos pantalones porque los puedo llevar largos o cortos. ¡Son muy prácticos!

b. Busca diez diferencias entre Manu, Jaime y Elvira, y márcalas. Después, compara con el resto de la clase.

- Jaime es más delgado que Manu.
- Manu no lleva gafas.

Conocer

conozco	conocemos
conoces	conocéis
conoce	conocen

Cuando el objeto directo es una persona, se usa la preposición **a**.

- ¿Conoces **a** Shakira?
- Sí, la cono**zc**o.

✏ 9, 27

Pronombres demostrativos

este / **ese** jersey
estos / **esos** jerséis

esta / **esa** mochila
estas / **esas** mochilas

Este/a hace referencia a una cosa que está cerca de la persona que habla y **ese/a** a una cosa que está más alejada.

Esto y **eso** se refiere a algo que no nombramos específicamente.

- ¿Qué es esto?

ACT 9 a - **campus**difusión

> **Gramaclips** › Los demostrativos

✏ 10, 11, 13, 26

EL CAMINO INCA

10 Otro camino famoso es el Camino Inca, en Perú. Lee las preguntas y busca las respuestas en el texto.

1. ¿Se puede ir solo/a?
2. ¿Cuántos kilómetros tiene el Camino Inca?
3. ¿Cuánto tiempo se necesita para hacerlo?
4. ¿Qué se puede hacer para evitar el mal de las alturas?
5. ¿Cuáles son los mejores meses para hacer la ruta?
6. ¿Se puede hacer el Camino Inca con niños?

ACT 10 - **campus**difusión

- Texto mapeado
- Texto locutado

CONSEJOS PARA EL CAMINO INCA

El Camino Inca en Perú va desde Cusco, la antigua capital del Imperio inca, a Machu Picchu, la ciudad perdida de los incas. La ruta solamente se puede hacer en grupos pequeños y con un guía de una agencia de viajes autorizada. El *tour* más popular dura cuatro días. Aquí hay algunos consejos para recorrer estos 45 kilómetros.

- Conviene hacer la reserva varios meses antes.
- El Camino llega a los 4200 metros de altura, por eso se recomienda pasar unos días en Cusco (3400 m) para acostumbrarse y así no tener problemas de soroche, el mal de las alturas.
- Los meses menos recomendados son enero, febrero y marzo porque llueve mucho. En abril hace sol, pero a veces está nublado. Es mejor viajar en junio, julio o agosto: hace buen tiempo y las temperaturas llegan a los 21 grados.
- No conviene llevar niños a esta excursión.
- Se recomienda llevar zapatos cómodos y un anorak contra el viento y el frío.
- No es necesario llevar alimentos, la agencia de viajes organiza la comida.

11 a. Algunas personas de la clase te piden consejos para hacer una ruta a pie. Escribe cuatro más y compártelos.

Conviene llevar zapatos cómodos.

Dar consejos
- **Se recomienda** + infinitivo
- **Es mejor** + infinitivo
- **Conviene** + infinitivo
- **No es necesario** + infinitivo

b. ¿Qué le recomiendas a una persona que quiere hacer el Camino Inca (I), un safari (S) o un crucero (C)?

- ☐ Caminar despacio los primeros días.
- ☐ Ponerse zapatos cómodos.
- ☐ Beber mucha agua.
- ☐ Llevar ropa elegante.
- ☐ Ponerse crema contra los mosquitos.
- ☐ Llevar papel higiénico.
- ☐ Llevar sombrero.
- ☐ Beber agua embotellada.
- ☐ Llevar ropa ligera.
- ☐ Llevar libros o revistas.

- *Para hacer el Camino Inca conviene caminar despacio los primeros días.*

21, 30, 31

9 CAMINANDO

ESTAMOS ESPERANDO AL GUÍA

12 a. ¿A qué fotos del Camino Inca se refieren estas frases? Relaciona.

- ☐ Estamos en Cusco, esperando al guía.
- ☐ Estoy haciendo una pausa.
- ☐ Elvira está tomando fotos.
- ☐ Estamos desayunando.
- ☐ Estamos visitando una antigua ciudad inca.
- ☐ Roberto está hablando por teléfono.
- ☐ Estamos caminando.

 1
 2
 3
 4

b. 🔊 47 – Escucha a una persona de las fotos. ¿Quién es? ¿Con quién habla? ¿Qué están haciendo?

c. Subraya los gerundios en las frases de **12a** y completa la tabla. Luego, escribe el infinitivo y a qué persona corresponde.

ESTAR + GERUNDIO		GERUNDIOS REGULARES	GERUNDIOS IRREGULARES	
estoy estás está estamos estáis están	habl**ando** beb**iendo** escrib**iendo**	-ar → -ando -er → -iendo -ir → _____	decir dormir leer ir	→ **diciendo** → **durmiendo** → **leyendo** → **yendo**

estamos esperando → *esperar (nosotros, nosotras)*

Estar + gerundio

Para referirnos a una acción que está sucediendo en el momento de hablar, se usa **estar** + gerundio.

- Estamos caminando.

Los pronombres pueden ir delante del verbo conjugado o pegados al gerundio.

- **Me** estoy duchando.
- Estoy duchándo**me**.

✏ 12, 14, 15, 24

13 Una pausa en el camino. ¿Qué están haciendo estas personas?

- *El hombre del jersey amarillo está hablando por teléfono.*

¿QUÉ TIEMPO HACE?

14 a. ¿Qué tiempo hace en junio en tu ciudad? ¿Cuándo llueve mucho? ¿Qué tiempo hace hoy? Mira las expresiones de la derecha y habla con tu compañero/a.

- *Aquí en abril normalmente llueve, pero no hace mucho frío.*

b. Relaciona estas expresiones con los símbolos.

1. ¡Qué nublado está!
2. ¡Qué frío hace!
3. ¡Llueve muchísimo!
4. ¡Hace mucho calor!
5. ¡Cómo nieva!
6. ¡Hace mucho viento!

c. 🔊 48 – Escucha las noticias sobre el tiempo y relaciona las expresiones de **14b** con estos lugares.

| 4 Islas Canarias | Madrid | Málaga |
| Pirineos | Galicia | Costa mediterránea |

d. Escribe una expresión para cada uno de estos símbolos. Luego tu compañero/a adivina a cuál corresponde.

- *¡Qué calor hace!*
- *Es este, el del sol.*

---

15 a. Este fin de semana viajas a uno de los lugares de **14c**. ¿Qué ropa te llevas? Tu compañero/a tiene que adivinar adónde vas.

b. Describe tu prenda de vestir favorita. ¿Cuándo la llevas? ¿Por qué es tu favorita?

---

16 ¡A jugar! En grupos de tres. Tira una moneda: cara significa avanzar una casilla y cruz, dos casillas.

1. Dos consejos para ir de *camping*.
2. Describe la ropa que lleva la persona a tu derecha.
3. Di una frase con **levantarse** y una con **acostarse**.
4. ¿Cuánta gente lleva zapatos marrones en la clase?
5. ¿Cuál es la mejor época para hacer el Camino de Santiago?
6. Si llueve hoy: dos casillas atrás.
7. Dos consejos para aprender español.
8. ¿Qué mes es el mejor para visitar tu pueblo o ciudad?

✏ 16, 22, 23

✏ 17, 20

ciento once **111**

9 CAMINANDO

MÁS QUE PALABRAS

17 En parejas y por turnos, cada persona tiene que decir el nombre de tres prendas de vestir o complementos: algo que se pone en el cuello o la cabeza, algo que se pone de cintura para arriba y algo que se pone de cintura para abajo. Gana la persona que consiga completar más series de tres sin repetir ninguna palabra.

- *Sombrero, camiseta, pantalón.*

18 a. Marca qué adjetivos se combinan comúnmente con los nombres de la columna de la izquierda.

	INTERESANTE	CÓMODO/A	SOLAR	LARGO/A	LIGERO/A	ELEGANTE
UNA FALDA	◯	◯	◯	◯	◯	◯
UNA CREMA	◯	◯	◯	◯	◯	◯
ROPA	◯	◯	◯	◯	◯	◯
GENTE	◯	◯	◯	◯	◯	◯
UNA MOCHILA	◯	◯	◯	◯	◯	◯
UN LUGAR	◯	◯	◯	◯	◯	◯

b. Propón ejemplos o forma frases con las combinaciones de **a**.

Tengo más faldas largas que cortas. Son más cómodas.
En la playa conviene ponerse mucha crema solar.

TAREA FINAL: PREPARANDO UNA EXCURSIÓN

19 a. Trabajas en una agencia de viajes *online* y esta semana tienes que promocionar tu región. Con tu compañero/a, prepara un folleto de una excursión con esta información:

¿Dónde empieza la ruta?
¿Cuánto tiempo se necesita para hacerla?
¿Qué se puede visitar?
¿Dónde conviene hacer una pausa?
¿Cuándo es mejor hacer la excursión?
Consejos para la excursión: comida, ropa, equipaje...

b. Presentad la excursión en clase. Comparad las propuestas de todo el grupo y, finalmente, decidid cuál es la más interesante.

- *La excursión de Telma y Andreas es más larga que la nuestra.*
- *Sí, pero en esta puedes visitar más lugares turísticos.*

VÍDEO

7 – EL COMPAÑERO DE PISO

Antes de ver el vídeo

1 ¿Eres una persona de rutinas fijas? Nombra tres actividades que haces todos los días de lunes a viernes (especifica la hora).

2 Y el fin de semana, ¿también tienes rutinas? Coméntalas con un/a compañero/a.

Vemos el vídeo

3 Ve el vídeo y escribe qué hace a estas horas el compañero de piso del protagonista.

A las 9 h

De 10 h a 14 h

A la hora de comer

Por la tarde

A las 19 h

4 ¿Qué hace el protagonista del vídeo cuando descubre en qué momento va a estar solo en casa?

Después de ver el vídeo

5 ¿Qué ventajas y desventajas crees que tiene compartir piso?

9 CAMINANDO

PANAMERICANA

PERÚ

¡Hola! Soy Pilar y soy peruana. Trabajo como profesora de español y coordinadora de cursos. Quiero contarles algo sobre mi país.

Empiezo con Lima, la capital. Con casi 10 millones de habitantes es el centro político, económico y financiero del país. Su centro histórico está declarado como Patrimonio de la Humanidad por la UNESCO.

En el sur está Arequipa, llamada "la ciudad del eterno cielo azul" porque tiene un clima fantástico: 300 días de sol al año. Desde Arequipa se puede viajar al famoso lago Titicaca.

El lugar más visitado de Perú es Iquitos, una ciudad grande al lado del río Amazonas. El viaje solo es posible en barco o avión. Allí puedes hacer una excursión por la selva y ver caimanes, monos o delfines rosas.

Cusco es la capital del Imperio inca y conserva los muros de sus antiguos templos. La ciudad está a 3400 metros de altura. Desde Cusco se puede ir a uno de los lugares más fascinantes del mundo: Machu Picchu.

Lima, Perú

Y, por supuesto, quiero mencionar la riquísima cocina peruana. Como resultado de una interesante fusión de culturas, la gastronomía peruana es una de las más diversas que hay en el mundo.

1 Relaciona cada imagen con el pie de foto correspondiente.

- La gastronomía peruana.
- El río Amazonas.
- Machu Picchu, Cusco.
- Lago Titicaca, Arequipa.

2 Vas a hacer un viaje a Perú, pero solo puedes visitar uno de los lugares del texto. ¿Cuál eliges? ¿Por qué?

3 ¿Qué características de la comida peruana destaca el texto? Busca ejemplos en internet y compártelos en clase.

4 ¿Cuál es la ciudad más grande de tu país? ¿Y la más importante? ¿Y la más visitada? ¿Y la que está a mayor altitud?

PANAM - **campus**difusión   29

- Texto mapeado
- Texto locutado

9 CAMINANDO

COMUNICACIÓN

HABLAR DE LA ROPA Y LOS COLORES

● (negro)
Es un jersey negr**o**.
Son unos jerséis negr**os**.
Es una chaqueta negr**a**.
Son unas chaquetas negr**as**.

● (azul)
Es un pantalón azul.
Son unos pantalones azul**es**.
Es una camisa azul.
Son unas camisas azul**es**.

● (amarillo)
Es un pantalón amarill**o**.
Son unos pantalones amarill**os**.
Es una falda amarill**a**.
Son unas faldas amarill**as**.

● (naranja)
Es un sombrero naranja.
Son unos sombreros naranjas.
Es una chaqueta naranja.
Son unas chaquetas naranjas.

● (rojo)
Es un jersey roj**o**.
Son unos jerséis roj**os**.
Es una mochila roj**a**.
Son unas mochilas roj**as**.

● (marrón)
Es un zapato marrón.
Son unos zapatos marron**es**.
Es una camiseta marrón.
Son unas camisetas marron**es**.

● (blanco)
Es un gorro blanc**o**.
Son unos gorros blanc**os**.
Es una camiseta blanc**a**.
Son unas camisetas blanc**as**.

● (rosa)
Es un gorro rosa.
Son unos gorros rosas.
Es una bota rosa.
Son unas botas rosas.

● (verde)
Es un abrigo verde.
Son unos abrigos verdes.
Es una camisa verde.
Son unas camisas verdes.

● (gris)
Es un calcetín gris.
Son unos calcetines gris**es**.
Es una camiseta gris.
Son unas camisetas gris**es**.

Solamente los adjetivos de color **blanco/a**, **negro/a**, **rojo/a** y **amarillo/a** tienen género masculino y femenino. El resto son invariables en cuanto al género, pero no en número.

HABLAR DE LOS MATERIALES

- ¿De qué material es tu jersey?
- Es de algodón.
- Es de lana.

- ¿De qué material son tus botas?
- Son de cuero.

SEÑALAR ALGO

- ¿Te gusta esta falda?
- No mucho, pero esa roja sí.

- ¿Qué es esto / eso?
- Es un gorro.

DESCRIBIR LA RUTINA DIARIA

Me levanto a las seis.
Me pongo los zapatos.
¿A qué hora te acuestas?

DESCRIBIR UN PROCESO

Ahora estoy haciendo una pausa.
Estamos esperando al guía.
¿Estás tomando una foto de las ruinas?

DAR CONSEJOS

Conviene acostumbrarse a la altura.
Se recomienda hacer la ruta en cuatro días.
No es necesario llevar comida.
Es mejor ponerse ropa cómoda.

COMPARAR ALGO

Los albergues son más baratos que los hoteles.
Los albergues son menos cómodos que los hoteles.
Los albergues no tienen tantas comodidades como los hoteles.

HABLAR DEL TIEMPO

Hace buen tiempo / mal tiempo.	Está nublado.	Llueve.	¡Qué frío / calor / viento hace!
Hace sol / frío / calor / viento / 5 grados.	Hay niebla.	Nieva.	¡Cómo llueve! ¡Cómo nieva!

GRAMÁTICA

LA COMPARACIÓN

			FORMAS IRREGULARES
SUPERIORIDAD	**más** + adjetivo + **que** artículo + nombre + **más** + adjetivo verbo + **más que**	• El hotel es más grande que el albergue. • La ruta más famosa es el Camino Francés. • Yo camino más que tú.	grande → mayor bueno → mejor malo → peor • El mayor problema en el Camino Inca es el soroche.
INFERIORIDAD	**menos** + adjetivo + **que** artículo + nombre + **menos** + adjetivo verbo + **menos que**	• El albergue es menos cómodo que el hotel. • Este es el pueblo menos conocido. • Yo duermo menos que tú.	
IGUALDAD	**tan** + adjetivo + **como** **tanto/a/os/as** + nombre + **como** verbo + **tanto como**	• El albergue es tan bonito como el hotel. • Aquí hay tantos peregrinos como allí. • Yo como tanto como tú.	

VERBOS REFLEXIVOS

LEVANTARSE

yo	**me**	levanto
tú	**te**	levantas
él, ella, usted	**se**	levanta
nosotros, nosotras	**nos**	levantamos
vosotros, vosotras	**os**	levantáis
ellos, ellas, ustedes	**se**	levantan

Los pronombres reflexivos van antes del verbo conjugado.
• **Me** ducho con agua fría.

O detrás si van con el infinitivo.
• No quiero ducha**rme** con agua fría.

IRREGULARES

CONOCER

cono**zc**o
conoces
conoce
conocemos
conocéis
conocen

Cuando el objeto directo se refiere a una persona, lleva **a**.
• ¿Conoces **a** mis padres?
• ¿Has visto **al** profesor?

Hay algunas excepciones, como el verbo **tener**, que no la lleva.
• Tengo diez primos.

LOS DEMOSTRATIVOS

	MASCULINO	FEMENINO
SINGULAR PLURAL	**este** jersey **estos** jerséis	**esta** mochila **estas** mochilas
SINGULAR PLURAL	**ese** jersey **esos** jerséis	**esa** mochila **esas** mochilas

Este/a/os/as se refiere a cosas cerca del hablante.
Ese/a/os/as, a cosas que están cerca del interlocutor o lejos de las personas que están hablando.
Esto / Eso se refieren a cosas que no queremos o no podemos nombrar.

ESTAR + GERUNDIO

yo	**estoy**
tú	**estás**
él, ella, usted	**está**
nosotros, nosotras	**estamos**
vosotros, vosotras	**estáis**
ellos, ellas, ustedes	**están**

habl**ando**
beb**iendo**
escrib**iendo**

GERUNDIOS REGULARES

-ar → -ando
-er → -iendo
-ir → -iendo

Estar + gerundio indica que una acción está en desarrollo en el momento de hablar. Los pronombres se pueden poner delante de **estar** o detrás del gerundio.
• **Me** estoy duchando.
• Estoy duchándo**me**.

GERUNDIOS IRREGULARES

decir	→ **diciendo**	ir	→ **yendo**
dormir	→ **durmiendo**	venir	→ **viniendo**
leer	→ **leyendo**	pedir	→ **pidiendo**

• Yo estoy leyendo un libro y Marcos está durmiendo.
• Estamos yendo al supermercado para hacer la compra, ¿y tú?
• Juanjo, ¿qué estás pidiendo para comer?

10 TENGO PLANES

Comunicación
- Pedir en el restaurante
- Modos de preparación de la comida (**frito/a**...)
- Pedir algo que falta
- Valorar la comida
- Describir algo
- Hacer planes, aceptar y rechazar una propuesta
- Quedar con alguien

Léxico
- Actividades de tiempo libre
- Productos y platos internacionales
- El menú del día
- Habilidades

Gramática
- **Ir a** + infinitivo
- Preposición + pronombre
- Frases de relativo con **que** y **donde**
- Adjetivos de nacionalidad
- El uso de **saber** y **poder**
- **Otro/a/os/as** + nombre contable
- **Un poco (más) de** + nombre incontable

Cultura
- En el restaurante
- La importancia de salir a comer
- **Vídeo 8** El grupo
- **PANAMERICANA** Chile

Les gusta a **tulaba** y 94 más

conganasdesalir Cenas, sobremesas y amig@s 😍
4 h

21 Me gusta

Diriva_n Domingos de ajedrez
1 h

Bero_con_b
Santiago

Les gusta a **martita_34** y 154 más

Bero_con_b ¡¡Fin de semana esquiando 😍!!
3 h

Soy_yo
Madrid

325 Me gusta

Soy_yo ¡¡Increíble el concierto de anocheeee con @julita y @telodejotodo 😍!!
Hace 1 día

Siempre_buscando

Les gusta a **mariner2** y 47 más
pez_en_el_agua Sesión de fotos en el club antes del campeonato de natación del sábado… 😄😄😄
2 h

Les gusta a **santi_a** y 12 más
anita_atina Entrenando duro con @santi_a 😆
1 h

 **Andriu45**
Macondo

64 Me gusta
Andriu45 Así ha terminado el fin de semana en la montaña 😣… ¡Viva el senderismo 😅!
45 min

pe_de_pancho
En casa

Les gusta a **juanje** y 203 más
p_de_pancho En la terraza también se puede tener un jardín 😄😄
Hace 2 días

100 cosas para hacer en tu tiempo libre

1 Mira las fotos y lee los comentarios. ¿Tienes algo en común con alguna de esas personas?

2 **a.** Haz una lista de las actividades de tiempo libre que se ven en las fotografías. Luego, compara con tus compañeros/as.

    b. Habla de actividades de ocio con tu compañero/a.
- la actividad de ocio que más haces
- una actividad de ocio que no te gusta
- algo que no has hecho nunca
- algo que quieres aprender a hacer

ACT 1 - campusdifusión

Texto mapeado

10 TENGO PLANES

¿Y SI VAMOS A...?

3 a. 🔊 49 – Escucha los planes de estas personas y responde a las preguntas en tu cuaderno.

1. ¿Qué van a hacer Teresa y Elena el sábado?
2. ¿Cuándo y dónde van a quedar?
3. ¿Qué otros planes comentan? ¿Para cuándo?

b. Y tú, ¿qué planes tienes para...? Habla con tus compañeros/as.

| este fin de semana | las próximas vacaciones | el día de tu cumpleaños |

4 a. Lee los mensajes y subraya las expresiones para proponer una actividad, aceptar una propuesta o rechazarla. Luego, completa la tabla.

PROPONER	ACEPTAR / RECHAZAR

b. Hoy la clase de español se ha cancelado. Le propones a tu compañero/a una de estas actividades. Él/Ella reacciona.

| tomar un café | cenar en un restaurante mexicano | ver una película en casa |
| hacer los deberes de español | jugar a las cartas | ir a la sauna | dar un paseo | ... |

- ¿Te apetece tomar un café esta tarde?
- ¡Claro! ¿Dónde quedamos?

Ir a + infinitivo

- voy
- vas
- va   ⎫
- vamos ⎬ a cenar
- vais   ⎪
- van   ⎭

Ir a + infinitivo expresa un propósito o un evento que va a tener lugar en el futuro.

Hacer planes

› ¿Cómo quedamos?
› ¿A qué hora quedamos?
› ¿Qué tal a las...?
› ¿Dónde quedamos?
› ¿Y si vamos a...?
› ¿Tienes ganas de...?
› ¿Te apetece...?
› Vale, perfecto.
› ¡Claro!
› ¡Buena idea!
› Lo siento, es que...
› ¡Ay! Qué pena, pero...
› Hoy no puedo, pero...

En España se usa el verbo **quedar**, y en Latinoamérica, **encontrarse**.

ACT 4 - campusdifusión

› **Corto** › Emoticidio

✏ 2-5, 16-18, 21, 25

5 a. Mira esta guía del ocio y completa las recomendaciones semanales con la información de las imágenes. Añade dos actividades más. ¿Qué actividad te gusta más? ¿Cuál no te gusta? Coméntalo con tu compañero/a.

Guía del Ocio

RECOMIENDA ESTA SEMANA

1.
2.
3.
4.
5.
6.
7.
8.

b. ¿Qué planes tienes para esta semana? Escribe en el calendario siete actividades. Luego, intenta quedar con tus compañeros/as para recuperar la clase cancelada de **4b**.

- ¿Qué tal si ponemos la clase el miércoles a las 12 h?
- Lo siento, yo no puedo, es que tengo clase de yoga.

	LUN	MAR	MIE	JUE	VIE	SAB	DOM
8:00 - 10:00							
10:00 - 12:00							
12:00 - 14:00							
14:00 - 16:00							
16:00 - 18:00							
18:00 - 20:00							

10 TENGO PLANES

QUEDAMOS EN EL RESTAURANTE

6 **a.** ¿Te gusta comer fuera de casa? ¿Con quién? ¿En qué ocasiones y con qué frecuencia lo haces? Coméntalo con un/a compañero/a.

b. Lee el texto, toma notas sobre los siguientes aspectos y compara con tu país.

| actividades de tiempo libre | actividades durante la comida | temas de conversación |

Más que comer

Ir al cine, hacer deporte o ver la tele son algunas de las actividades favoritas de los españoles y las españolas en su tiempo libre. Pero, para la mayoría, hay otra muy importante: salir a comer.

No se trata solo de la comida, sino también del aspecto social. Por eso las comidas son muy largas, con tiempo para charlar, contar anécdotas o conocer quizás a otros invitados. Y hablar de comida. "La mejor paella es la que hace mi madre", "¿No comes carne?", "¿Conoces un buen restaurante mexicano?" son frases que fácilmente podemos escuchar durante las comidas. Y durante la comida o después, en la sobremesa, también se habla del trabajo, los estudios, la familia, las vacaciones… Para la gente en España, ir a un restaurante no es solo comer para alimentarse: también es disfrutar de la comida y de la compañía. Es vivir.

7 **a.** En español hay muchas comidas y bebidas con nombres de lugares. ¿Qué platos conoces? ¿Existen también en tu país? ¿Cómo se llaman?

1. ensaladilla rusa
2. tortilla francesa
3. tarta vienesa
4. crema catalana
5. tortilla española
6. café irlandés
7. tarta de Santiago
8. arroz a la cubana
9. macedonia de frutas

b. ¿A qué platos de arriba se refieren estas frases?

- ☐ Es un plato frío **que** lleva verdura y mayonesa.
- ☐ Es una tortilla **que** se hace con patatas y huevos.
- ☐ Es un dulce de un país **donde** se habla alemán.
- ☐ Es un postre **que** lleva diferentes frutas.
- ☐ Tiene el nombre de una ciudad **donde** hay muchos peregrinos.

c. Escribe tres definiciones con tu compañero/a. Luego, cada pareja las lee en voz alta y el resto de la clase adivina a qué se refieren.

| Es una cosa que… | Es una persona que… | Es un lugar donde… |

ACT 6a - campusdifusión

> **Cápsulas de fonética** ›
Diptongos

📝 6-8, 25

ACT 6b - campusdifusión

▤ Texto mapeado
🔊 Texto locutado

Los pronombres relativos

Que es invariable y puede referirse a personas y a cosas en singular y plural.

- Es un profesor **que** tiene gafas.

Si nos referimos a un lugar, se usa **donde**.

- Es un restaurante **donde** sirven menú del día.

📝 6, 7

PRODUCTO NACIONAL

8 a. Completa la tabla con los adjetivos en su forma adecuada.

SINGULAR		PLURAL	
MASCULINO	FEMENINO	MASCULINO	FEMENINO
vino italian**o**	pizza italian**a**	vinos italian**os**	pizzas _____
vino español	tortilla _____	vinos español**es**	tortillas español**as**
vino francés	tortilla _____	vinos frances**es**	tortillas frances**as**

El género en los adjetivos

La mayoría de los adjetivos de nacionalidad forman el femenino en **-a**, incluso cuando el masculino termina en consonante.

- Un chico español.
- Una chica española.
- Un estudiante francés.
- Una estudiante francesa.

b. Lee el texto y decide las nacionalidades de los productos sin repetir ninguna. Luego, compara con otras personas. ¿Coincidís?

español/a	alemán/ana	francés/esa	inglés/esa	holandés/esa	suizo/a
danés/esa	chino/a	noruego/a	sueco/a	italiano/a	austríaco/a
chileno/a	colombiano/a	turco/a	argentino/a

Soy un típico ciudadano cosmopolita del siglo XXI. Por eso tengo un coche _____, me gustan la carne _____, el café _____, el vino _____, el queso _____, el pescado _____ y el aceite de oliva _____. Tengo un móvil _____, un reloj _____ y muchos de los muebles de mi casa son _____. En invierno voy a esquiar a las montañas _____. Escucho música _____ y me encantan las películas _____.

c. Prepara preguntas sobre estos aspectos y haz una entrevista a tu compañero/a. Él/Ella contesta. Luego, al revés.

- un producto italiano que tiene en casa
- su plato favorito
- un restaurante que te recomienda
- una película que le ha gustado mucho
- algo que no sabe hacer, pero quiere aprender
- algo que sabe hacer (muy) bien

- ¿*Tienes algún producto italiano en casa?*
- *Pues... a ver... ¡Ah, sí! Tengo unos zapatos italianos muy bonitos.*

📝 8, 20

---

9 a. Lee las frases y relaciónalas con las palabras de las etiquetas.

| habilidad, conocimiento | posibilidad | permiso |

1. **Sé** italiano. _habilidad, conocimiento_
2. **Puedo** ir a pie al trabajo. _____
3. No **podemos** dormir con luz. _____
4. ¿**Sabes** tocar el piano? _____
5. Marta **sabe** escuchar a la gente. _____
6. No **puedo** comer huevos. _____
7. ¿**Sabes** la receta de la crema catalana? _____
8. ¿**Puedo** pagar con tarjeta? _____

b. Escribe tres frases sobre cosas que sabes o puedes hacer, entre ellas una mentira. La clase tiene que adivinar la mentira.

- *Sé bailar tango. Puedo escuchar música y leer a la vez.*

- Paco _____ tocar el violín, pero ahora no _____.

📝 9

10 TENGO PLANES

EN EL RESTAURANTE

10 a. 🔊 50 – Lee el menú y comenta con tu compañero/a qué platos conoces. Luego escucha la conversación y marca lo que piden los clientes.

MENÚ DEL DÍA

PRIMER PLATO
Ensalada mixta
Gazpacho
Arroz a la cubana
Sopa de verdura

SEGUNDO PLATO
Merluza a la plancha
Salmón con espárragos
Chuleta de cerdo con patatas fritas
Pollo asado con verdura

POSTRE
Flan
Crema catalana
Fruta del tiempo
Helado

Pan, bebida y café
20 €

b. 🔊 50 – Escucha otra vez y marca las palabras que usan los clientes para pedir.

1. Para mí, **de primero / primero** quiero ensalada mixta.
2. De segundo **yo tomo / para mí** el pollo asado con verdura.
3. **Para beber / Queremos** un vino tinto de la casa.
4. ¿De postre qué **hay / tienen**?
5. ¿Me trae **un poco más de / otro vaso para el** agua, por favor?

c. Ahora vas al restaurante. Mira el menú y completa el diálogo.

- *¿Qué va a tomar?*
- [Pides un primer plato] _____
- *¿Y de segundo?*
- [Pides el segundo] _____
- *Y para beber, ¿qué le traigo?*
- [Pides dos cosas para beber] _____
- *¿Va a tomar postre?*
- [Pides un café en lugar de postre] _____
  [y la cuenta] _____

d. En grupos de tres, representad la situación de **c**. Uno/a es el/la camarero/a, los/as demás piden la comida con ayuda de sus notas. Luego, se cambian los roles.

- *Buenos días. ¿Van a tomar el menú del día?*
- *Sí, gracias. A ver, para mí...*

ACT 10 - campusdifusión

> **Los lex** › En el restaurante A1

Modo de preparación
› frito/a
› asado/a
› al horno
› a la plancha
› a la romana
› muy / poco hecho/a

Pedir en un restaurante

Camarero/a
› ¿Qué desea(n)?
› ¿Qué va(n) a tomar? / ¿Qué va(n) a tomar de primero?
› ¿Va(n) a tomar postre? / ¿Desea(n) postre?

Cliente/a
› Para mí, de primero / de segundo / de postre...
› Yo tomo... / Yo voy a tomar...
› ¿Qué hay de postre?
› ¿Me trae otro/a... / un poco de...?
› La cuenta, por favor. / ¿Me trae la cuenta, por favor?

✏ 10, 11, 28, 29

¿OTRA CERVEZA?

11 a. ¿Qué significa **otro/a** en estas frases? Elige la opción correcta en cada caso.

- Ya ha tomado una cerveza antes.
- Es la primera que pide.

- No tiene tenedor.
- Tiene un tenedor, pero lo quiere cambiar.

b. Completa la tabla con la traducción a tu lengua de las palabras en negrita.

PEDIR ALGO	TRADUCCIÓN
¿Me trae / Nos trae... **una** cuchara, por favor? **otro** cuchillo, por favor? **un poco de** sal, por favor? **un poco más de** pan, por favor?	

c. Clasifica estas palabras o expresiones en la tabla.

| mantequilla | vaso de vino | salsa | servilleta |
| pan | sal | tenedor | botella de agua |

OTRO/A/OS/AS	UN POCO DE

---

12 Estás en el restaurante de **10 a** con tu compañero/a y el/la camarero/a. Pregúntale qué tal está su comida, valora la tuya y pide más cosas. Luego, se cambian los roles.

- *¿Qué tal la merluza?*
- *Está rica, pero un poco fría. ¿Y tu pollo?*
- *Está un poco soso. Perdone, camarero, ¿me trae un poco más de sal, por favor?*
- *Claro, ahora mismo. ¿Algo más?*
- *Sí, otra copa de vino.*

Nombres contables e incontables

Otro/a/os/as se usa con cosas contables y va siempre sin artículo.

- ¿Me trae ~~un~~ otro vaso, por favor?

Un poco de su utiliza con nombres incontables.

- ¿Quieres un poco de agua?

📝 12, 13, 19

Valorar la comida

La sopa / El filete está (muy)...

> rico/a
> salado/a
> soso/a
> dulce
> frío/a
> caliente
> picante

ACT 12 - campusdifusión

> **Micropelis** › La cena

📝 22-24, 26

ciento veinticinco **125**

10 TENGO PLANES

MÁS QUE PALABRAS

13 ¿Qué alimentos conoces de estos colores? Completa la tabla. Luego, compara con el resto de la clase y añade más palabras a tu lista.

VERDE	ROJO/A	BLANCO/A	AMARILLO/A	MARRÓN

14 Palabras en compañía. ¿Con qué verbo se pueden combinar los elementos de cada grupo? Compara tus respuestas con tu compañero/a.

	el piano	un instrumento	la guitarra	un objeto
	al tenis	con los niños/as	a las cartas	en un equipo de fútbol
	a esquiar	a reparar una moto	italiano	a hacer una tarta vienesa
	delante del cine	con amigos/as	a las ocho	en el bar Tío Pepe
	una copa	el autobús	el sol	una cerveza	una ducha

TAREA FINAL: UN FIN DE SEMANA DIFERENTE

15 Tu escuela recibe este fin de semana a un grupo de personas que vienen a visitar la ciudad. Tú y tus compañeros/as sois los/as encargados/as de preparar el programa de actividades. En parejas, seguid estas instrucciones.

1. Cada pareja propone actividades para el sábado y el domingo (por la mañana, por la tarde y por la noche).
   Hay que pensar en estos aspectos:
   - ¿Dónde quedamos?
   - ¿A qué hora?
   - ¿Qué vamos a hacer?
   - ¿Por qué son interesantes estas actividades?
   - ¿Se necesita algo (ropa de deporte...)?

2. Cada pareja presenta su programa. Entre toda la clase se elige el programa definitivo.

3. Finalmente, cada pareja escribe un correo electrónico al grupo de visitantes y presenta su programa con todos los detalles.

VÍDEO

▶ 8 – EL GRUPO

Antes de ver el vídeo

1 Responde a estas preguntas y, luego, comenta tus respuestas con el resto de la clase.

a. ¿Qué ventajas y qué inconvenientes tienen para ti los grupos de chat en el móvil?

b. ¿Estás en muchos grupos? ¿Los silencias a veces? ¿En qué ocasiones?

c. ¿Alguna vez has abandonado un grupo? ¿Cómo te has sentido? ¿Qué consecuencias ha tenido?

Vemos el vídeo

2 Marca qué actividades se mencionan en el vídeo.

- ☐ salir a cenar
- ☐ ir al gimnasio
- ☐ patinar
- ☐ pasear
- ☐ quedarse en casa
- ☐ pintarse las uñas
- ☐ estudiar para un examen
- ☐ ir a la discoteca
- ☐ cuidar a una sobrina
- ☐ ir a la playa
- ☐ hacer una excursión

3 ¿La persona que propone hacer algo consigue su objetivo? ¿Cómo?

Después de ver el vídeo

4 Comenta estas ideas con tus compañeros/as.

a. ¿Usas muchos emoticonos cuando escribes en un chat? ¿Crees que se usan demasiado?

b. ¿Estás a favor o en contra de enviar mensajes de voz en los chats del móvil? ¿Por qué?

c. ¿Te genera ansiedad o estrés si no te responden rápido a los mensajes?

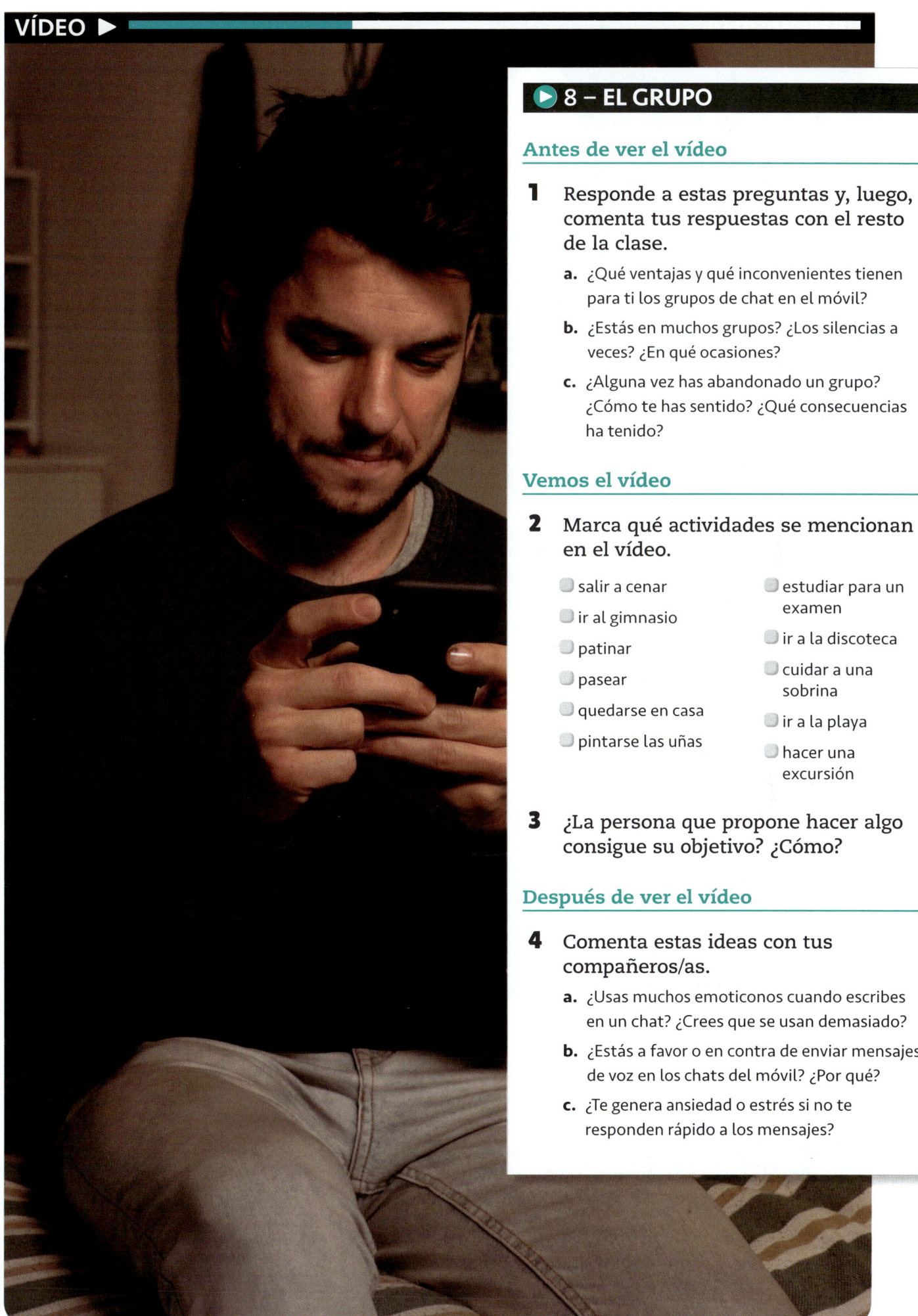

10 TENGO PLANES

PANAMERICANA
CHILE

¡Hola! Me llamo Matilde y soy chilena. ¿Conoces Chile? ¿Quizás los vinos chilenos? Voy a contarte un poco de mi "largo y delgado país" (Pablo Neruda).

En la capital, Santiago, se puede disfrutar de sus museos y galerías de arte. El centro histórico, la Plaza de Armas, es el punto de encuentro de los turistas y de los habitantes de la ciudad. Es muy recomendable visitar el barrio Bellavista, donde se encuentra la Fundación Pablo Neruda, en la antigua casa del poeta. Este barrio tiene una intensa vida nocturna y excelentes restaurantes.

En sus 4200 km de longitud, Chile ofrece paisajes que recuerdan lugares tan diferentes como el Sáhara, el Mediterráneo o Noruega. En el norte, por ejemplo, tenemos el desierto de Atacama, el más seco del mundo. En el otro extremo, en la Patagonia chilena, fiordos y glaciares. Allí se pueden encontrar colonias de pingüinos todo el año. Uno de los lugares más fascinantes del mundo es la Isla de Pascua, con sus misteriosas esculturas milenarias, los moáis.

Cerca de Santiago se puede esquiar en los Andes y, si prefieres la playa, puedes hacer *windsurf* en la costa del Pacífico. ¿Cuántas ciudades pueden ofrecer esto?

Parque Nacional Torres del Paine, Chile

Valparaíso es considerada por mucha gente la capital cultural de Chile. ¿Sabes que el periódico más antiguo en español es *El Mercurio de Valparaíso*? La ciudad, con su centro histórico de la época colonial, es Patrimonio de la Humanidad. Y, claro, hay que visitar el puerto. De allí salen muchos de los productos que exporta Chile: fruta fresca, pescado, madera y sus famosos vinos.

1 En una primera lectura, intenta comprender el significado general del texto. Luego, léelo de nuevo y subraya las palabras o frases que todavía no entiendes.

2 ¿Has encontrado algún falso amigo? Anótalo y coméntalo con tus compañeros/as.

3 ¿Verdadero (V) o falso (F)? Corrige las frases falsas.

	V	F
1. La naturaleza en Chile no es muy variada.	◯	◯
2. La Patagonia chilena está en el sur del país.	◯	◯
3. En Santiago se pueden visitar las esculturas de los moáis.	◯	◯
4. Santiago es una ciudad cosmopolita y turística.	◯	◯
5. Valparaíso es la capital de Chile.	◯	◯
6. Chile es un país exportador de vinos.	◯	◯

4 Escribe tres datos interesantes sobre la capital de tu país.

PANAM - campusdifusión 27

- Texto mapeado
- Texto locutado

10 TENGO PLANES

COMUNICACIÓN

EN EL RESTAURANTE
Para mí, de primero...
De segundo...
Para beber...
¿Tienen...?
La cuenta, por favor.

MODOS DE PREPARACIÓN
frito/a
al horno
a la plancha
poco hecho/a
muy hecho/a

PARA MÍ, DE SEGUNDO, POLLO A LA PLANCHA.

PEDIR ALGO QUE FALTA
¿Me puede traer **una** cuchara?
¿Me trae **otra** servilleta?
¿Nos trae **otros dos** cafés, por favor?
¿Me trae **un poco de** agua, por favor?
¿Me trae **un poco más de** pan?

VALORAR LA COMIDA

- ¿Qué tal el pollo? — Está muy rico.
- ¿Y la merluza? — Está un poco salada.
- ¿Te gusta el flan? — Está demasiado dulce.

DESCRIBIR ALGO
Es un plato **que** lleva patatas, verdura y mayonesa.
Es un objeto **que** sirve para cortar la carne.
Es un lugar **donde** se comen platos típicos.

HACER PLANES, ACEPTAR Y RECHAZAR UNA PROPUESTA

PROPONER	ACEPTAR Y RECHAZAR
¿Por qué no...?	Vale. / Perfecto. / De acuerdo.
¿Tienes ganas de...?	Sí, buena idea. / Con mucho gusto.
¿Vienes conmigo a...?	Qué pena, pero no puedo, es que...
¿Y si vamos a...?	Lo siento, es que tengo un examen.

QUEDAR CON ALGUIEN
LUGAR Y HORA

- ¿A qué hora quedamos?
- ¿Qué tal a las siete?
- ¿Dónde quedamos?
- ¿Qué tal delante de...?

¿QUÉ TAL SI VAMOS AL CINE? TENEMOS TIEMPO.

¿AL CINE? HOY NO TENGO MUCHAS GANAS... ¿Y POR QUÉ NO VAMOS A CENAR?

GRAMÁTICA

IR A + INFINITIVO

yo	**voy**	
tú	**vas**	
él, ella, usted	**va**	a salir contigo
nosotros, nosotras	**vamos**	a trabajar el domingo
vosotros, vosotras	**vais**	a ver una exposición
ellos, ellas, ustedes	**van**	

Usamos **ir a** + infinitivo para hablar de planes o proyectos en el futuro.

- Este fin de semana vamos a ir a la montaña, ¿te apetece venir?
- Gracias, pero no puedo. Voy a ir a comer con unos amigos.

PREPOSICIÓN + PRONOMBRE

a	mí / **conmigo***
con*	ti / **contigo***
de	él, ella, usted
para	nosotros, nosotras
por	vosotros, vosotras
sin	ellos, ellas, ustedes

- *Julio, vamos a ir en dos coches. El mío y el de Marta. ¿Vienes conmigo o con ella?*
- *Yo voy con ella y Marcos va contigo, ¿vale?*
- *¡Perfecto!*

FRASES DE RELATIVO

Es un plato **que** lleva verdura y mayonesa.
El deporte **que** más practico últimamente es el tenis.
Este es el restaurante **donde** vamos a comer mañana.

Que es invariable y puede referirse a personas y a cosas en singular y en plural.
Si nos referimos a un lugar, se usa **donde**.

ADJETIVOS DE NACIONALIDAD

SINGULAR		PLURAL	
MASCULINO	**FEMENINO**	**MASCULINO**	**FEMENINO**
vino italian**o**	pizza italian**a**	vinos italian**os**	pizzas italian**as**
vino español	tortilla español**a**	vinos español**es**	tortillas español**as**
vino francés	tortilla frances**a**	vinos frances**es**	tortillas frances**as**

Los adjetivos de nacionalidad forman el femenino añadiendo **-a** cuando el masculino termina en consonante.

- Un pintor genial. / Una pintora genial.
- Un pintor español. / Una pintora español**a**.

SABER / PODER

SABER	PODER	
HABILIDAD, CONOCIMIENTO	**POSIBILIDAD**	**PERMISO**
Sé italiano. ¿**Sabes** tocar el piano? No **sabemos** jugar al póker.	**Puedo** ir a pie al trabajo. ¿**Puedes** dormir con luz? **Podemos** escuchar música y leer a la vez.	¿**Puedo** pagar con tarjeta? ¿Se **puede** entrar? ¿**Puedo** usar tu móvil?

OTRO/A/OS/AS Y UN POCO MÁS DE

NOMBRE CONTABLE	NOMBRE INCONTABLE	
otr**o** cuchillo		pan
otr**a** cuchara	un poco (más) de	agua
otr**os** dos cafés		salsa
otr**as** dos cervezas		sal

Otro/a/os/as nunca se combina con el artículo indeterminado:
- ¿Me trae ~~una~~ **otra** botella de agua, por favor?

11 CASA NUEVA, VIDA NUEVA

Comunicación
- Describir una vivienda
- Hacer cumplidos y reaccionar
- Dar datos biográficos
- Hablar sobre sucesos en el pasado
- Preguntar por el pasado
- Localizar un momento en el pasado
- Expresar la cantidad

Gramática
- El pretérito indefinido regular
- El pretérito indefinido irregular: **ir** / **ser**
- Marcadores temporales para el pretérito indefinido y para el pretérito perfecto

Cultura
- La historia del cacao
- **Vídeo 9** Bienvenidos a mi casa
- **PANAMERICANA** Argentina

Léxico
- Las partes de la casa y los muebles
- Características de una vivienda
- Las etapas de la vida

Más de 300 alojamientos

Intercambio de casas

- Tipos de alojamiento
- Precio
- Fechas
- Reserva ya
- Más filtros

Piso en el centro, grande, con vistas al mar. Tiene ascensor.

Piso pequeño, renovado y en un barrio antiguo. 5.ª planta sin ascensor.

Casa tranquila en las afueras.

Casa con jardín, ventanas grandes y mucha luz. A 20 km del pueblo más cercano.

Piso nuevo, moderno. Da a la calle.

Piso interior, en planta baja. Un poco oscuro, pero muy silencioso. Cerca del metro.

1 a. Lee los anuncios y clasifica las características de las viviendas en positivas o negativas. Luego, compara tu clasificación con la de otra persona.

- *En las afueras, para mí es positivo, porque normalmente el centro de una ciudad es más caro.*
- *Para mí es negativo si un piso da a la calle, porque...*

b. ¿Cómo es tu casa o piso? Explícaselo a tu compañero/a.

- *Mi casa está en el centro, es moderna y tiene balcón.*

ACT 1a - campusdifusión

Texto mapeado

1, 2

11 CASA NUEVA, VIDA NUEVA

¿CÓMO ES TU CASA?

2 Pregunta a tus compañeros/as: ¿cuántas veces te has mudado…?

- a otra ciudad
- en la misma ciudad
- con una empresa de mudanzas
- a otro país
- por motivos de trabajo
- con la ayuda de amigos/as

3 a. Juan e Inés comparten este piso. Mira el plano y relaciona.

- nevera
- microondas
- cocina
- lavaplatos
- mesa
- silla
- sofá
- estantería
- televisor
- bañera
- espejo
- lavadora
- ducha
- cama
- armario
- lámpara
- escritorio
- pasillo

ACT 3a - campusdifusión

> **Los lex** › La casa A1
> **Micropelis** › Un jamón de muerte

b. 🔊 51 – Inés se muda a Valencia. ¿Qué cosas quiere llevarse? Escucha y márcalas en el plano.

c. En cadena. ¿Qué diferencias tiene tu piso con el del plano?

- *Mi cocina es más grande.*
- *Yo no tengo lavaplatos.*

d. ¿Dónde haces estas cosas? Comenta con tus compañeros/as.

- ver la tele
- escribir correos electrónicos
- escuchar la radio
- tomar un aperitivo
- leer el periódico
- estudiar español
- desayunar
- lavar y planchar la ropa

4 a. Vas a hacer un viaje largo y quieres alquilar tu piso. Escribe un anuncio en la página web **IntercambioCasa**.

b. Intercambia tu anuncio con otra persona. ¿Qué te interesa saber del piso de tu compañero/a? Hazle preguntas.

ACT 3c - campusdifusión

> **Cápsulas de fonética** ›
> Grupos consonánticos

Preguntar por un piso
> ¿Es tranquilo?
> ¿Es luminoso?
> ¿Hay / Tiene ascensor?
> ¿Tiene lavaplatos?
> ¿Cuánto cuesta el alquiler?
> …

3-5, 15, 17, 18, 22, 23

EL DÍA DE LA MUDANZA

5 a. ¿Dónde están los 24 gatos? Mira la imagen y haz una lista. Luego compara con tu compañero/a.

- *Hay un gato encima del camión.*
- *Hay uno debajo del sofá.*

b. Piensa en un objeto del piso de **3 a**. Tus compañeros/as tratan de adivinarlo. Solo puedes contestar sí o no.

- *¿Es un objeto que está en el baño?*
- *No.*
- *¿Se utiliza para guardar cosas?*
- *¡Sí!*

---

6 a. 🔊 52 – Escucha esta conversación y marca si las frases son verdaderas (V) o falsas (F). Corrige las frases falsas.

- ☐ La cocina es grande.
- ☐ El baño no tiene bañera.
- ☐ Los dormitorios tienen poca luz.
- ☐ Un dormitorio es pequeño.
- ☐ Las ventanas del salón son grandes.
- ☐ La casa no tiene jardín.

b. 🔊 52 – Escucha otra vez y relaciona los comentarios con las reacciones.

1. ¡Qué zapatos más elegantes!
2. ¡Qué mesa más original!
3. ¡Uy, qué práctico!
4. ¡Oh, qué buen gusto!
5. ¡Qué salón más grande tienes!

a. ¿Tú crees? No tiene tantos metros.
b. ¿Te gusta? Es del rastro y a muy buen precio.
c. ¿Te parece? Pues son viejos, la verdad.
d. Es la idea de una revista.
e. Sí, no está mal.

c. Haz un comentario positivo a tu compañero/a de la derecha. Él/Ella reacciona.

- *¡Qué zapatos más bonitos llevas!*

Expresiones de lugar

¿Dónde está(n)?
> encima (de)
> debajo (de)
> delante (de)
> detrás (de)
> al lado (de)
> entre... y...
> a la izquierda (de)
> a la derecha (de)
> en el centro (de)

ACT 5 a - campusdifusión

> **Gramaclips** › Localización

📝 6

Hacer cumplidos

En español no es habitual aceptar un cumplido sin más o solo decir **gracias**. Es frecuente mostrar modestia quitando importancia a lo dicho. Busca ejemplos en las frases de **6 b** y coméntalo con tus compañeros/as. ¿En tu país es frecuente reaccionar así?

Comentarios
> ¡Qué mesa tan bonita!
> ¡Tienes un salón muy grande!
> ¡Qué práctico!

Reacciones
> ¿Tú crees?
> ¿Te parece?
> ¿Te gusta?
> Sí, no está mal...

📝 7, 8, 16

11 CASA NUEVA, VIDA NUEVA

MI CASA ES TU CASA

7 a. ¿Qué significa para ti la expresión **Mi casa es tu casa**? Coméntalo en clase. Luego, lee el texto y marca todas las palabras que expresan una cantidad.

ACT 7a - **campusdifusión**

Texto mapeado
Texto locutado

Todo el mundo viaja, a todos nos gustan las vacaciones y la mayoría se aloja en hoteles o apartamentos. Sin embargo, el precio de estos es alto. ¿Qué tal ofrecer tu casa y pasar las vacaciones en una casa privada y así ahorrar mucho dinero?

Mi casa es tu casa es una expresión que se usa en español como fórmula de cortesía cuando nos despedimos de una visita. Pero, hoy en día, esta expresión también puede significar otra cosa: el intercambio de casas. Esta nueva forma de viajar está de moda. Algunos ya la practican y están muy contentos, porque no solo ahorran dinero, sino también se sienten como en su propia casa en una ciudad extranjera. Casi nadie ha tenido malas experiencias. Existen páginas web donde se puede intercambiar la vivienda.

La base del intercambio es la confianza. Para ti, ¿tu casa es mi casa?

b. ¿Te gusta la idea de intercambiar viviendas? ¿Qué ventajas e inconvenientes ves? Haz una lista con tu compañero/a. Luego, compara tus respuestas con el resto de la clase.

Ventajas: ahorrar dinero, ...

Inconvenientes:

c. ¿Qué significan estas cantidades? Relaciónalas con las frases y con los iconos de la derecha.

EXPRESIONES DE CANTIDAD

1. (Casi) Todos/as
2. La mayoría
3. La mitad
4. Algunos/as
5. (Casi) Nadie

- Solo el 5 % ha tenido malas experiencias.
- El 50 % piensa en intercambiar su casa.
- El 95 % de las personas viajan.
- El 18 % practica el intercambio de casas.
- El 70 % se aloja en un hotel o apartamento.

d. Haz una encuesta a tus compañeros/as hasta encontrar cinco respuestas positivas. Luego resume los resultados en clase.

¿Quién...

tiene casa propia?	tiene garaje?	vive en el centro?	tiene balcón o jardín?
comparte piso?	tiene televisión vía satélite?	conoce bien a sus vecinos?
vive en más de 100 metros cuadrados?	ha alquilado un piso amueblado?
ha vivido en otra ciudad?

- *La mayoría ha vivido en otra ciudad. Casi nadie tiene casa propia. Además...*

28

MI CASA EN OTRO PAÍS

8 a. Lee este texto y ponle un título.

Guillermo Xiu, representante de una comunidad maya, nació en México. Allí estudió Antropología y también aprendió un arte muy especial: hacer esculturas de chocolate. El chocolate es muy importante para él porque tiene una gran tradición en su país, México, donde se empezó a consumir cacao alrededor del 1500 a. C.

Años más tarde, Guillermo Xiu se fue a España, donde trabajó varios años en un museo de chocolate. Allí realizó espectaculares esculturas de chocolate y explicó el significado del cacao para las antiguas culturas americanas.

Actualmente participa en encuentros interculturales donde presenta sus esculturas y habla de proyectos de solidaridad con el pueblo maya para informar sobre las propiedades terapéuticas del cacao.

b. Lee otra vez el texto y ordena cronológicamente estos hechos de la vida de Guillermo Xiu.

- ☐ Trabajar en un museo de chocolate.
- ☐ Participar en encuentros interculturales.
- ☐ Nacer en México.
- ☐ Ir a España.
- ☐ Estudiar Antropología.
- ☐ Aprender un arte especial.

9 a. Completa la tabla con la ayuda del texto.

	TRABAJAR (-AR)	APRENDER (-ER / -IR)	SER / IR
yo	trabaj**é**	aprend**í**	**fui**
tú	trabaj**aste**	aprend**iste**	**fuiste**
él, ella, usted			
nosotros, nosotras	trabaj**amos**	aprend**imos**	**fuimos**
vosotros, vosotras	trabaj**asteis**	aprend**isteis**	**fuisteis**
ellos, ellas, ustedes	trabaj**aron**	aprend**ieron**	**fueron**

b. Marca en el texto las formas del pretérito indefinido. ¿Cuál es el infinitivo correspondiente? ¿A qué persona corresponde?

nació → nacer (él, ella, usted)

c. Una persona de la clase dice uno de estos verbos en la primera persona del presente. La siguiente lo dice en pretérito indefinido y añade otro verbo en presente. Y así sucesivamente.

| hablar | encontrar | explicar | comer | ir | beber | escribir | trabajar |
| usar | tomar | preguntar | vivir | llegar | ser |

- *Hoy hablo.*
- *Ayer hablé. Hoy como.*
- *Ayer...*

ACT 8 a - campusdifusión

- Texto mapeado
- Texto locutado

El pretérito indefinido

El pretérito indefinido se utiliza para expresar acciones terminadas en el pasado. Se usa frecuentemente con marcadores temporales como **ayer, la semana pasada, en 2006, el 12 de mayo**...

ACT 9 a - campusdifusión

› **Clases de gramática** ›
Los tiempos del pasado (1): Introducción

9-11, 20, 24-26

11 CASA NUEVA, VIDA NUEVA

ESTA ES MI HISTORIA

10 a. Guillermo Xiu cuenta su historia. Completa con las formas del pretérito indefinido.

> " **Nací** _____ (nacer) en México, donde _____ (estudiar) Antropología. También _____ (aprender) el arte de hacer esculturas de chocolate. El chocolate tiene una gran tradición en mi país. En los años noventa _____ (decidir) dejar mi país para ir a Europa. _____ (ir) a España por el idioma y las posibilidades de trabajo. En Villajoyosa _____ (encontrar) trabajo y _____ (trabajar) varios años en un museo de chocolate. Allí _____ (realizar) muchas esculturas de chocolate y _____ (explicar) a los visitantes la importancia del cacao en las antiguas culturas americanas. "

b. Ahora tú. Escribe un breve texto biográfico con estos u otros elementos. Un dato tiene que ser falso.

| nacer | ir a la escuela de… a… | terminar la escuela | empezar a trabajar |
| cambiar de trabajo | mudarse de ciudad | casarse | empezar a estudiar español |

c. Intercambia tu texto con un/a compañero/a. ¿Encuentras su información falsa?

11 ¿Cuándo fue la última vez que…? Elige cinco preguntas para entrevistar a tu compañero/a. Luego explica al grupo las tres informaciones más interesantes.

- ir a un museo
- comer chocolate
- tomar un medicamento
- viajar en avión
- ir a un concierto
- aprobar un examen
- conocer a una persona interesante
- comprar un mueble nuevo
- mudarse de piso
- escribir una postal
- tomarse un día libre en el trabajo
- regalar algo hecho a mano

- • ¿Cuándo fue la última vez que fuiste a un museo?
- • La semana pasada. Vi una exposición de fotografía que me gustó mucho.
- • Vale, ¿y cuándo fue la última vez que…?

ACT 10 a - campus difusión

- Texto mapeado
- Texto locutado

Ortografía irregular

En el pretérito indefinido algunos verbos cambian la ortografía en la primera persona del singular.

- expli**c**ar → yo expli**qu**é
- reali**z**ar → yo reali**c**é

Marcadores temporales

- › en 2016
- › hace dos años
- › hace un mes
- › la semana pasada
- › el año pasado
- › el 3 de mayo
- › ayer
- › …

ACT 11 - campus difusión

› **Cápsulas de fonética** › El ritmo

📝 12-14, 21

UNA HISTORIA CON GUSTO

12 a. Lee la entrevista y relaciona estos temas con cada parte de la conversación.

1. El chocolate en la actualidad
2. El cacao en las culturas prehispánicas
3. De América a Europa
4. La expansión por Europa

ACT 12 a - **campusdifusión**

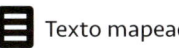 Texto mapeado

☐ **Señor Rivero, usted es el director del museo Chocomundo en la provincia de Sevilla. ¿Puede resumir en una frase la historia del cacao?**
Las culturas precolombinas utilizaron el cacao como alimento, pero también como moneda y en rituales religiosos.

☐ **¿Fue Cristóbal Colón quien lo llevó a España?**
Sí, pero al principio el cacao a los españoles no les gustó porque lo encontraron muy amargo. Por eso lo mezclaron con azúcar, vainilla y canela. Así nació el chocolate actual.

☐ **¿Cómo pasó el chocolate de España al resto de Europa?**
Pues en 1606 llegó a Italia, de ahí en 1646 a Alemania. En Alemania al principio lo tomaron como medicina, no como bebida. En 1819 se fundó en Suiza la primera fábrica de chocolate y allí se creó el chocolate con leche, tan popular hoy en día.

☐ **¿Y qué opina de las tendencias actuales como mezclar chocolate con chile?**
En realidad es una tendencia muy antigua, ya conocida por los mayas.

b. Lee estos datos sobre el chocolate y relaciona.

1. El cacao llegó a Europa en el siglo XVI,
2. La primera fábrica de chocolate
3. Los alemanes tomaron el chocolate
4. En las culturas prehispánicas el cacao

☐ se usó como alimento y moneda.
☐ abrió en Suiza en el siglo XIX.
☐ pero a los europeos no les gustó.
☐ como medicina, no como bebida.

13 ¿Sabes qué otro producto llegó desde América? Completa su historia con los verbos de las etiquetas en pretérito indefinido.

| adaptarse | clasificar | empezar | gustar | llegar (x 2) | publicar | probar |

1. Su nombre viene de la lengua náhuatl. Tiene su origen en América. Allí los españoles lo _____ por primera vez y les _____ mucho.
2. En el siglo XVI _____ a Europa y _____ muy bien al clima mediterráneo, pero algunos botánicos lo _____ como planta tóxica.
3. Poco a poco _____ a entrar en la cocina europea.
4. Poco después _____ también a Asia por la colonia española de Filipinas. Actualmente es un producto de la cocina mundial: lo comemos en ensaladas, salsas, sopas y sobre todo con pasta.
5. El primer libro con recetas para su preparación se _____ en 1692 en Italia.

Es...

📝 19

11 CASA NUEVA, VIDA NUEVA

MÁS QUE PALABRAS

14 a. ¿Qué palabras quieres recordar de esta unidad? Completa este mapa asociativo con diferentes colores. Primero, añade en rojo partes de la casa y muebles. Luego completa en color verde con adjetivos. Y, por último, añade en azul actividades relacionadas con las palabras.

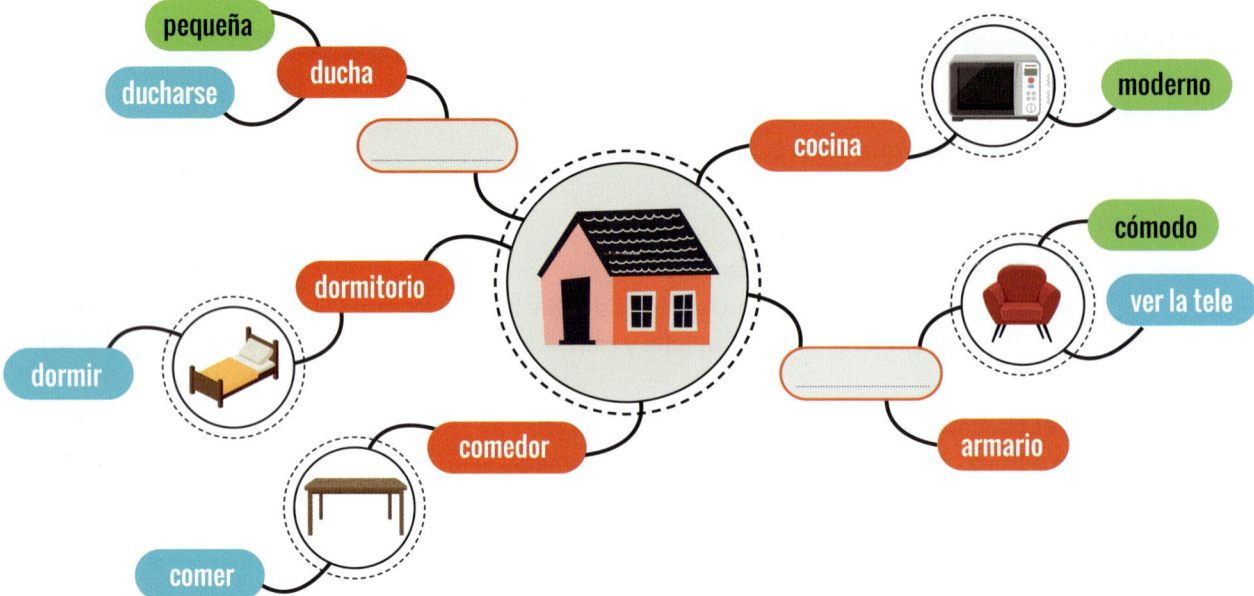

b. Luego, compara los resultados con el resto de la clase.

TAREA FINAL: RECUERDOS DE ESTE CURSO

15 a. Vamos a preparar una ficha de recuerdo del curso. Para ello, entrevista a una persona de la clase sobre los siguientes aspectos.

- algunos datos biográficos
- sus motivos para estudiar español
- sus actividades de tiempo libre
- algo que le gusta mucho y una cosa que no le gusta
- su unidad preferida de *Nos vemos hoy 1*
- un país de la Panamericana que quiere visitar

b. Luego resume la información en un texto sin mencionar el nombre de la persona entrevistada.

c. Finalmente, se mezclan todas las fichas de la clase en un montón boca abajo. Cada persona toma una y la lee. ¿Quién es la persona de la ficha?

VÍDEO

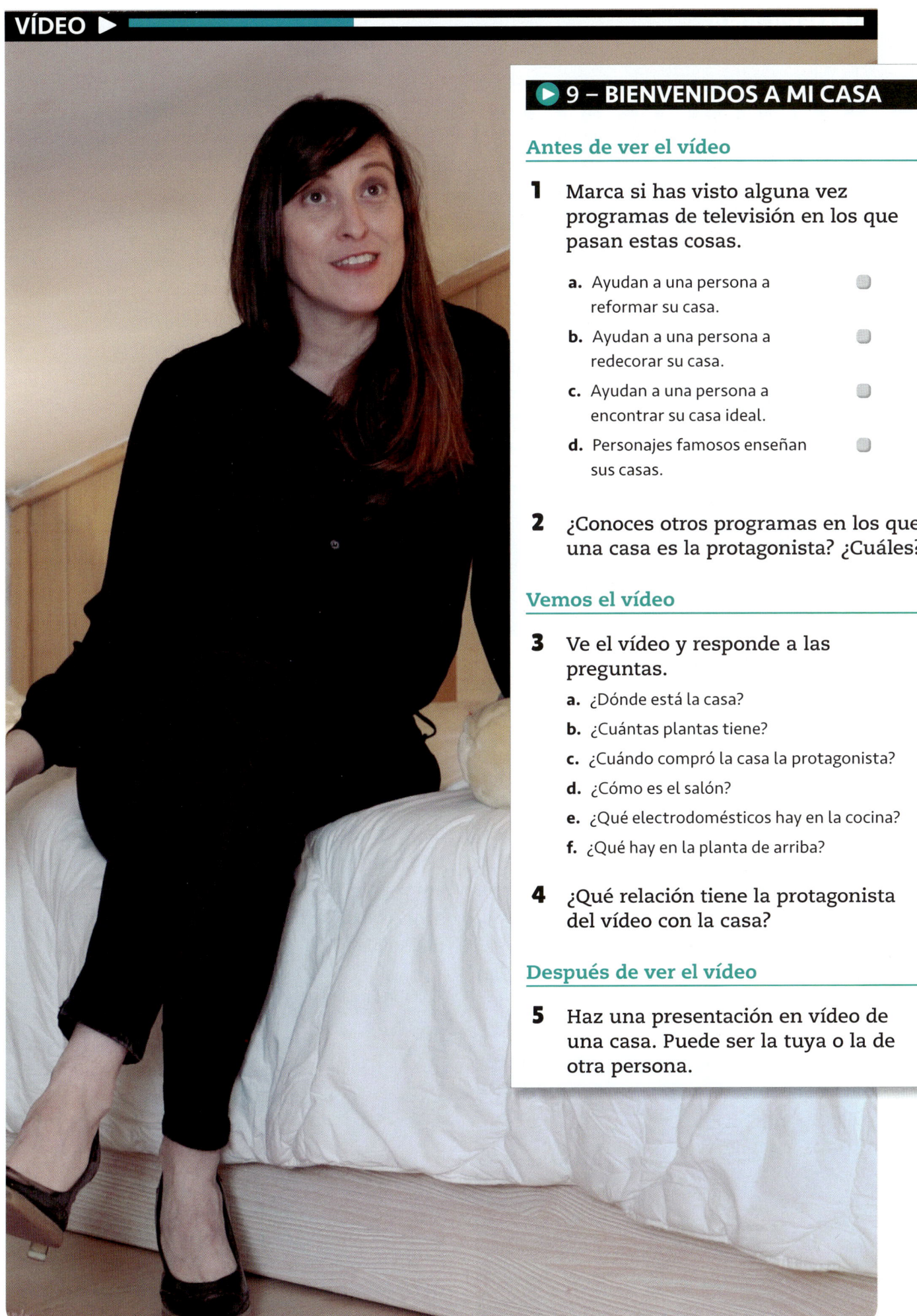

9 – BIENVENIDOS A MI CASA

Antes de ver el vídeo

1 Marca si has visto alguna vez programas de televisión en los que pasan estas cosas.

- a. Ayudan a una persona a reformar su casa. ☐
- b. Ayudan a una persona a redecorar su casa. ☐
- c. Ayudan a una persona a encontrar su casa ideal. ☐
- d. Personajes famosos enseñan sus casas. ☐

2 ¿Conoces otros programas en los que una casa es la protagonista? ¿Cuáles?

Vemos el vídeo

3 Ve el vídeo y responde a las preguntas.

- a. ¿Dónde está la casa?
- b. ¿Cuántas plantas tiene?
- c. ¿Cuándo compró la casa la protagonista?
- d. ¿Cómo es el salón?
- e. ¿Qué electrodomésticos hay en la cocina?
- f. ¿Qué hay en la planta de arriba?

4 ¿Qué relación tiene la protagonista del vídeo con la casa?

Después de ver el vídeo

5 Haz una presentación en vídeo de una casa. Puede ser la tuya o la de otra persona.

11 CASA NUEVA, VIDA NUEVA

PANAMERICANA

ARGENTINA

Hola, me llamo Marcelo y soy argentino, pero vivo en Colonia. Soy profesor de español. Mi ciudad preferida es Buenos Aires, pero, claro, es que yo soy de allí, soy porteño (así se llaman los habitantes de Buenos Aires, por el puerto).

Buenos Aires tiene aproximadamente 14 millones de habitantes. Es una ciudad enorme y fascinante, con una vida cultural única. ¿Quién no conoce las casas del barrio de La Boca o la avenida Corrientes, "una calle que nunca duerme", con sus teatros, galerías y librerías que abren las 24 horas? Una buena manera de conocer la ciudad es tomar el colectivo (así se llaman los autobuses en Argentina).

Buenos Aires está junto al Río de la Plata, la unión de dos ríos poco antes de desembocar en el mar. Allí nació el tango, una música única con textos tristes de amor. Algunos grandes artistas del tango son Carlos Gardel o Ástor Piazzolla, que lo modernizó.

Argentina es un país de grandes autores, como Jorge Luis Borges o Julio Cortázar. Nuestra tradición literaria empezó ya con las historias de los gauchos. A los argentinos nos gusta contar historias y compartirlas con los amigos tomando un mate, una bebida caliente de té de mate, que se toma en un "vaso" especial. Hay un ritual para beberlo: todos beben del mismo vaso y lo pasan de mano en mano.

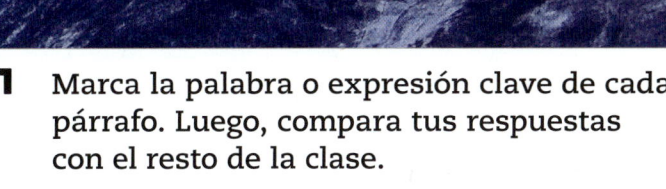
Glaciar Perito Moreno, Argentina

Para los amantes de la naturaleza, mi país ofrece lugares maravillosos. El paisaje que más me fascina es la Patagonia. Ver el Perito Moreno, el glaciar más famoso de Argentina, o hacer una excursión en barco para ver ballenas es un espectáculo inolvidable. Y, además, es el final de la Panamericana, una ruta fascinante llena de paisajes, ciudades, costumbres y comidas maravillosas.

1 Marca la palabra o expresión clave de cada párrafo. Luego, compara tus respuestas con el resto de la clase.

2 Lee de nuevo el texto y explica el significado de estas palabras.

| colectivo | tango | mate |

3 Busca en el texto los siguientes datos.
1. El nombre de los habitantes de Buenos Aires.
2. Una zona conocida de Buenos Aires.
3. Un cantante.
4. Un escritor famoso.
5. Un animal.

4 ¿Cuáles son tus dos países preferidos de la Panamericana? ¿Por qué? Coméntalo con tus compañeros/as.

PANAM - campusdifusión   26

- Texto mapeado
- Texto locutado

ciento cuarenta y tres **143**

11 CASA NUEVA, VIDA NUEVA

COMUNICACIÓN

LA CASA Y LOS MUEBLES

PARTES DE LA CASA	EL SALÓN	EL DORMITORIO	LA COCINA	EL BAÑO
la terraza / el balcón	la mesa	la cama	la nevera	la ducha
el pasillo	la silla	el armario	el microondas	la bañera
la puerta	el sofá	la lámpara	el lavaplatos	el espejo
la ventana	el televisor	el escritorio	la lavadora	el lavabo

DESCRIBIR UNA VIVIENDA

está en el centro ≠ está en las afueras
es tranquilo ≠ es ruidoso
es antiguo ≠ es moderno
es viejo ≠ está renovado
está en la planta baja ≠ está en el primer piso
es interior ≠ es exterior / con vistas a…

Vivimos en el segundo piso.
Mi piso tiene 60 metros cuadrados.
Vivimos en una casa renovada en las afueras.
La casa de Laura es exterior y tiene mucha luz.
¿Vives con tus padres?
¿Vives de alquiler o tienes casa propia?
¿Cómo es tu casa / piso?

HACER CUMPLIDOS Y REACCIONAR

CUMPLIDO	REACCIÓN
• ¡Qué zapatos más elegantes!	▪ ¿Te parece? Pues son viejos, la verdad.
• ¡Qué mesa tan original!	▪ ¿Te gusta? Es del rastro.
• ¡Tienes un salón muy grande!	▪ ¿Tú crees? No tiene tantos metros.
• ¡Qué práctico!	▪ Sí, no está mal.

DAR DATOS BIOGRÁFICOS

Nací en 1995 en Granada.
Fui a la escuela de 2000 a 2012.
Terminé la escuela en junio de 2016.
Empecé la universidad en otoño de 2009.

En 2016 pasé medio año en Venezuela.
Terminé los estudios en 2015.
En 2006 me mudé a León y empecé a trabajar.
Me casé en 2019.

HABLAR SOBRE SUCESOS EN EL PASADO

Guillermo Xiu se fue a España.
Trabajó varios años en un museo de chocolate.

Cristóbal Colón llevó el cacao a Europa en el siglo XVI.
Los alemanes lo tomaron como una medicina.

PREGUNTAR POR EL PASADO

- ¿Cuándo comiste chocolate por última vez?
- ¿Cuándo te mudaste a esta ciudad?
- ¿Cuándo aprobaste el examen de conducir?

LOCALIZAR UN MOMENTO EN EL PASADO

- Ayer. / La semana pasada.
- En febrero. / En 2002. / En verano. / El año pasado.
- Hace un mes. / Hace un año. / Hace dos semanas.

EXPRESAR LA CANTIDAD

(Casi) Todos/as
Muchos/as
La mayoría (de)
La mitad (de)
Algunos/as
Pocos/as
(Casi) Nadie

- *Yo creo que la mayoría de la gente ha ido al cine en el último año como mínimo una vez.*
- *Pues yo creo que casi nadie va al cine hoy en día.*
- *¡Yo fui ayer!*

ME COMPRÉ ESTE PISO EN MAYO DE 2019 Y ME MUDÉ EN JULIO. ME GUSTA MUCHO VIVIR AQUÍ. TIENE DOS HABITACIONES, UN SALÓN GRANDE Y UNA TERRAZA. ES MUY CÓMODO Y TRANQUILO.

GRAMÁTICA

EXPRESIONES DE LUGAR

encima (de)
debajo (de)
delante (de)
detrás (de)
al lado (de)
entre... y...
a la izquierda (de)
a la derecha (de)
en el centro (de)

- Marcos, ¿dónde estás en esta foto?
- Mira, soy este. Estoy al lado de mi madre y a la derecha de Marta. Soy el niño rubio.
- ¡Es verdad! ¿Y esta niña es Martina?
- Sí, está sentada encima de mi tía Julia.

EL PRETÉRITO INDEFINIDO

REGULAR

	-AR: ESTUDIAR	-ER: NACER	-IR: VIVIR	IRREGULAR SER / IR
yo	estudi**é**	nac**í**	viv**í**	**fui**
tú	estudi**aste**	nac**iste**	viv**iste**	**fuiste**
él, ella, usted	estudi**ó**	nac**ió**	viv**ió**	**fue**
nosotros/as	estudi**amos**	nac**imos**	viv**imos**	**fuimos**
vosotros/as	estudi**asteis**	nac**isteis**	viv**isteis**	**fuisteis**
ellos, ellas, ustedes	estudi**aron**	nac**ieron**	viv**ieron**	**fueron**

MARCADORES TEMPORALES

PARA EL PRETÉRITO INDEFINIDO	PARA EL PRETÉRITO PERFECTO
ayer	hoy
la semana pasada	esta semana
el domingo (pasado)	este domingo
en 2002	este verano
hace tres años	todavía no
la última vez	alguna vez

El pretérito indefinido se utiliza para expresar acciones terminadas en el pasado (**ayer**, **en 2014**...).

El pretérito perfecto se usa para hablar de acciones pasadas dentro de un período de tiempo no terminado (**hoy**, **esta semana**...) o cuando hacemos referencia a experiencias con expresiones como **alguna vez**, **nunca**...

AYER FUE UN GRAN DÍA. FUI A UNA ENTREVISTA DE TRABAJO Y HOY ME HAN DICHO QUE LO HE CONSEGUIDO.

- Me llamo Natalia Leni. Nací en Málaga en 1998 y viví allí con mi familia hasta los 8 años. Después, nos mudamos a Madrid. A los 20 años, me fui a vivir a Buenos Aires. Allí empecé la universidad y dos años más tarde encontré un trabajo donde conocí a mucha gente interesante. Este año he abierto mi propia empresa de comunicación con Leandro y Marcela, dos buenos amigos.

12 MIRADOR

Unidad de repaso

HABLAMOS DE CULTURA: QUEDAR Y SALIR

1 a. Marca en el cuestionario tu respuesta personal. Luego, compara tus resultados con los de tus compañeros/as.

1. Normalmente me encuentro con amigos/as
   - ◯ en un bar o restaurante.
   - ◯ en casa.
   - ◯ en un club de deporte.

2. Invito a mi casa
   - ◯ solo a muy buenos/as amigos/as.
   - ◯ sobre todo a la familia.
   - ◯ a todo el mundo.

3. Invito a mis amigos/as o colegas
   - ◯ una semana antes.
   - ◯ un par de días antes.
   - ◯ espontáneamente.

4. Si tengo invitados/as en casa,
   - ◯ preparo una comida especial.
   - ◯ todo el mundo trae algo para comer.
   - ◯ pongo algo para picar (jamón, queso...).

5. A una invitación llego
   - ◯ a la hora en punto.
   - ◯ unos 15 minutos tarde.
   - ◯ un poco antes para ayudar.

6. Si tengo poca hambre,
   - ◯ pido en un restaurante un plato ligero.
   - ◯ pido solo una ensalada.
   - ◯ pido una porción pequeña.

7. Tomo café
   - ◯ por la mañana, en el desayuno.
   - ◯ por la tarde con pastel o tarta.
   - ◯ después de la comida.

> NO HAY RESPUESTAS CORRECTAS NI INCORRECTAS.

b. 🔊 53 - Escucha una entrevista con hispanohablantes de diferentes países y responde.

1. ¿Dónde se encuentran los/as amigos/as en Bolivia? ¿Y en España y Argentina?
2. ¿A quiénes invitan los/as chilenos/as a casa los domingos y para qué?
3. ¿A quiénes invitan los/as españoles/as, bolivianos/as y argentinos/as a casa? ¿Cuándo?
4. ¿Son puntuales los/as hispanohablantes para llegar a una invitación?

2 ¿Quieres ampliar tus conocimientos sobre la cultura de los países hispanohablantes? Lee y relaciona.

1. El champán
2. La comida
3. En el desayuno
4. Al teléfono
5. La sobremesa
6. En una casa

◯ es el tiempo para charlar después de las comidas.
◯ se come poco, pero a eso de las 10 h mucha gente toma algo en un bar.
◯ principal es la del mediodía. Tiene un primero, un segundo y postre.
◯ el apellido de la gente que vive ahí no se pone en la puerta o en la entrada.
◯ no se contesta con el apellido.
◯ o cava se toma muchas veces con el postre y algo dulce.

AHORA YA SABEMOS

3 a. 🔊 54 – Ordena esta llamada telefónica. Luego, escucha y comprueba.

- • Hola, Silvia, ¿cómo estás?
- • Ah, sí, leí algo sobre esa película. ¿Es chilena?
- • ¿Dígame?
- • Vale, vamos juntos a verla. ¿Quedamos a las nueve en el bar de siempre?
- • ¿Cuándo, hoy por la noche?

- ▶ Bien, bien. Te llamo para ver si vienes conmigo al Rex. Es la semana del cine latinoamericano.
- ▶ No, argentina. Y dicen que es muy buena.
- ▶ Sí, a las diez ponen *Lluvia*, que me interesa.
- ▶ Claro, buena idea. Así podemos picar algo...
- ▶ Hola, Pedro. Soy Silvia.

b. 🔊 55 – Escucha estas cuatro preguntas y anota el número en la respuesta correspondiente.

- Están encima de la cama.
- Crema catalana, fruta o flan.
- Pues... está un poco salada, la verdad.
- La semana pasada, el martes.

c. 🔊 56 – Escucha y haz lo mismo con estas preguntas. 📝 2, 3

- No, pero como poca carne.
- Sí, hay uno cerca de la Plaza Mayor.
- Mucho viento, pero no hace frío.
- Un buen anorak y zapatos muy cómodos.

4 a. Piensa en uno de tus viajes y toma notas sobre estos aspectos.

1. ¿Qué idioma hablaste?
2. ¿Qué medio de transporte usaste?
3. ¿Con quién viajaste?
4. ¿Qué cosas visitaste?
5. ¿Qué comiste?
6. ¿Qué te gustó? ¿Qué no te gustó?

b. Haz las preguntas a tu compañero/a. Él/Ella contesta sin decir el lugar. ¿Sabes adónde fue?

c. Pensad en un viaje que queréis hacer juntos/as y explicad vuestros planes en un correo electrónico al resto de la clase. Luego, los correos se ponen en la pared y se leen todos. ¿A qué viaje te apetece ir? ¿Quién se apunta al vuestro?

12 MIRADOR

APRENDER A APRENDER

5 a. Es útil memorizar palabras en combinaciones de uso habitual y no sueltas. A veces nos sorprende lo diferente que puede ser el significado de un verbo dependiendo de la combinación en la que aparece. Relaciona las palabras con los verbos y escribe la traducción. Hay varias posibilidades.

frío	deporte	35 años	viento	un taxi
camping	un gato	prisa	la maleta	
tiempo	alcohol	gafas	ajo	sol	el sol
una cerveza	zapatos negros			

HACER	TENER	TOMAR	LLEVAR

b. ¿Puedes añadir otras palabras? 3, 4

6 a. ¿Qué haces si al hablar te falta una palabra? En una conversación seguro que tu interlocutor/a te ayuda, pero las técnicas personales de aprendizaje también te pueden resultar útiles. Marca las que utilizas y añade dos más.

- ⚪ Me aprendo todas las palabras nuevas de memoria.
- ⚪ Cuando leo un texto, busco todas las palabras que no entiendo en el diccionario.
- ⚪ Cuando leo un texto, intento entender las palabras que no entiendo por el contexto.
- ⚪ Comparo las reglas gramaticales del español con las de mi lengua. Así lo entiendo mejor.
- ⚪ Intento traducir todo a mi lengua.
- ⚪ Leo, escucho música y veo películas en español con frecuencia.
- ⚪ En clase aprovecho para hablar todo lo que puedo y practicar lo que sé.
- ⚪ Estudio español varios días a la semana.

b. Comenta tus respuestas con el resto de la clase. ¿Qué opinas de las técnicas que han añadido tus compañeros/as? ¿Te parecen útiles? ¿Tú también las usas?

TERAPIA DE ERRORES

LOS ERRORES FORMAN PARTE DEL PROCESO DE APRENDIZAJE. INDICAN QUE ESTÁS APRENDIENDO ALGO NUEVO. SI LES DEDICAS TIEMPO, VERÁS DÓNDE ESTÁ EL PROBLEMA Y PODRÁS CORREGIRLOS.

7 a. Markus viaja por la Panamericana y escribe un correo a su profesora de español. Lee y corrige los errores.

b. Compara tus resultados con un compañero/a y escribe el correo de nuevo sin errores.

c. Piensa en tres errores que cometes a menudo. Tu profesor/a los va a escribir todos en la pizarra. ¿Cuáles son los errores más frecuentes? 6, 7

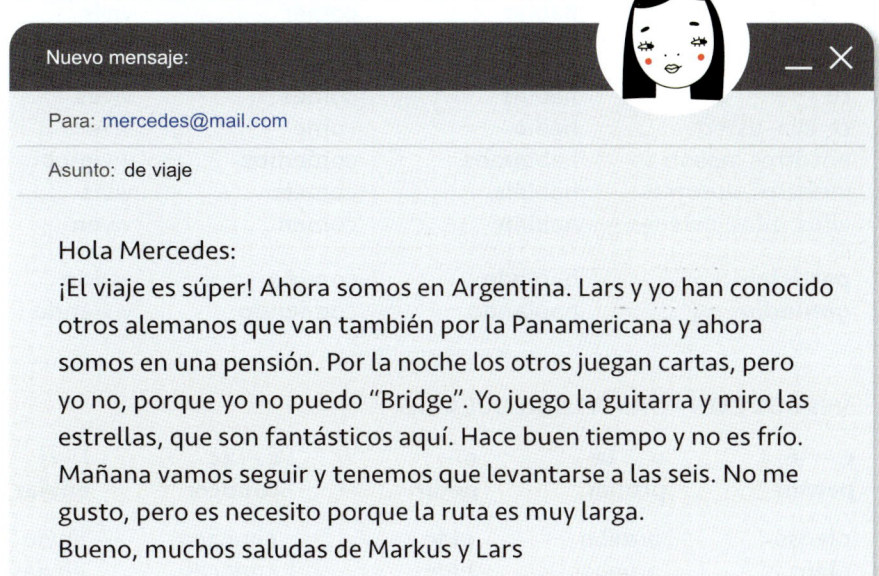

Nuevo mensaje:

Para: mercedes@mail.com

Asunto: de viaje

Hola Mercedes:

¡El viaje es súper! Ahora somos en Argentina. Lars y yo han conocido otros alemanes que van también por la Panamericana y ahora somos en una pensión. Por la noche los otros juegan cartas, pero yo no, porque yo no puedo "Bridge". Yo juego la guitarra y miro las estrellas, que son fantásticos aquí. Hace buen tiempo y no es frío. Mañana vamos seguir y tenemos que levantarse a las seis. No me gusto, pero es necesito porque la ruta es muy larga.
Bueno, muchos saludos de Markus y Lars

ORGANIZAR UN JUEGO

8 a. Hacemos un juego, el Memory. Cada persona escribe cuatro cartas: dos con una palabra y dos con la definición de la palabra.

b. ¡A jugar! Se forman grupos de cuatro. Cada grupo junta todas sus tarjetas y se las intercambia con otro grupo, de modo que nadie juegue con sus propias cartas.

Cada equipo coloca sus 16 tarjetas bocabajo sobre la mesa. Un/a jugador/a levanta dos cartas. Si coincide la palabra con la definición, se las queda. Si no, las deja de nuevo bocabajo y pasa el turno a la siguiente persona, y así sucesivamente.

El juego acaba cuando se terminan las cartas. Gana quien tiene más parejas.

VERBOS REGULARES

	hablar	comer	vivir	levantarse *reflexive*
yo	hablo	como	vivo	me levanto
tú	hablas	comes	vives	te levantas
él, ella, usted	habla	come	vive	se levanta
nosotros, nosotras	hablamos	comemos	vivimos	nos levantamos
vosotros, vosotras	habláis	coméis	vivís	os levantáis
ellos, ellas, ustedes	hablan	comen	viven	se levantan
participio *noun*	hablado	comido	vivido	(**me** he) levantado
gerundio *adjective*	hablando	comiendo	viviendo	(**me** estoy) levantando

VERBOS CON FORMAS IRREGULARES

e → ie **pensar**	o → ue **probar**	e → i **pedir**	c → zc **conocer**	i → í **enviar**	u → ú **continuar**	i → y **construir**
pienso	pruebo	pido	conozco	envío	continúo	construyo
piensas	pruebas	pides	conoces	envías	continúas	construyes
piensa	prueba	pide	conoce	envía	continúa	construye
pensamos	probamos	pedimos	conocemos	enviamos	continuamos	construimos
pensáis	probáis	pedís	conocéis	enviáis	continuáis	construís
piensan	prueban	piden	conocen	envían	continúan	construyen
pensado	probado	pedido	conocido	enviado	continuado	construido
pensando	probando	pidiendo	conociendo	enviando	continuando	construyendo

dar	**decir**	**dormir**	**estar**	**haber**	**hacer**	**ir**
doy	digo	duermo	estoy	he	hago	voy
das	dices	duermes	estás	has	haces	vas
da	dice	duerme	está	ha	hace	va
damos	decimos	dormimos	estamos	hemos	hacemos	vamos
dais	decís	dormís	estáis	habéis	hacéis	vais
dan	dicen	duermen	están	han	hacen	van
dado	dicho	dormido	estado	habido	hecho	ido
dando	diciendo	durmiendo	estando	habiendo	haciendo	yendo

jugar	**leer**	**oír**	**poder**	**poner**	**querer**	**saber**
juego	leo	oigo	puedo	pongo	quiero	sé
juegas	lees	oyes	puedes	pones	quieres	sabes
juega	lee	oye	puede	pone	quiere	sabe
jugamos	leemos	oímos	podemos	ponemos	queremos	sabemos
jugáis	leéis	oís	podéis	ponéis	queréis	sabéis
juegan	leen	oyen	pueden	ponen	quieren	saben
jugado	leído	oído	podido	puesto	querido	sabido
jugando	leyendo	oyendo	pudiendo	poniendo	queriendo	sabiendo

salir	**sentir**	**ser**	**tener**	**traer**	**venir**	**ver**	**volver**
salgo	siento	soy	tengo	traigo	vengo	veo	vuelvo
sales	sientes	eres	tienes	traes	vienes	ves	vuelves
sale	siente	es	tiene	trae	viene	ve	vuelve
salimos	sentimos	somos	tenemos	traemos	venimos	vemos	volvemos
salís	sentís	sois	tenéis	traéis	venís	veis	volvéis
salen	sienten	son	tienen	traen	vienen	ven	vuelven
salido	sentido	sido	tenido	traído	venido	visto	vuelto
saliendo	sintiendo	siendo	teniendo	trayendo	viniendo	viendo	volviendo

NOS VEMOS HOY 1

ILUSTRACIONES

Miguel Manich (studiomanich.com)

Excepto por: **U1**: p. 20 mystock2/AdobeStock, Dariia/AdobeStock; p. 22 miniature/GettyImages. **U4**: pp. 54-57 Dariia/AdobeStock. **U7**: p. 94 cnythzl/iStockPhoto, Enis Aksoy/iStockPhoto. **U11**: p. 140 SpicyTruffel/AdobeStock, Mary Long/AdobeStock, R-DESIGN/AdobeStock, logistock/AdobeStock, NADEZHDA/AdobeStock.

FOTOGRAFÍAS

Cubierta: karrastock/AdobeStock. **Primer contacto**: p. 11 SolStockjpg/iStockPhoto. **U1**: p. 12 Jiawangkun/Dreamstime.com, Jedynakanna/Dreamstime.com, lunamarina/AdobeStock, ondrejprosicky/AdobeStock, Richard Semik/AdobeStock, Francisco/AdobeStock, markop/AdobeStock, akulamatiau/AdobeStock, Emmanuel/AdobeStock, Noradoa/AdobeStock; p. 14 Guillermo/Wikimedia Commons, George Stroud/GettyImages, Jose Lara/Wikimedia Commons, Amy Sussman/GettyImages; p. 15 Brad Pict/AdobeStock; p. 16 Marcos/AdobeStock, TAGSTOCK2/AdobeStock, Andrea/AdobeStock, JackF/AdobeStock, Space_Cat/AdobeStock, Kako Escalona/iStockPhoto; p. 18 Lunamarina/Dreamstime.com, Supachai Supachai/Dreamstime.com, Valentina Razumova/Dreamstime.com; p. 20 yaophotograph/AdobeStock; pp. 22-23 Jia Liu/GettyImages; p. 22 Connormah/wikimediacommons, Gina Pricope/GettyImages, Hugo Caballero-EyeEm/GettyImages, Mlenny/GettyImages; p. 23 Gian/AdobeStock, Galen Rowell/GettyImages, Antonio Busiello/GettyImages. **U2**: p. 26 Bojan89_2/iStockPhoto, SeventyFour/iStockPhoto, Pitchayaarch/AdobeStock, mikhail_kayl/AdobeStock; p. 27 AfricaImages/iStockPhoto, Pekic/iStockPhoto, Flamingo Images/AdobeStock; p. 28 mavoimages/AdobeStock, luckybusiness/AdobeStock; p. 30 DMEPhotography/iStockPhoto, PeopleImages/iStockPhoto, monkeybusinessimages/iStockPhoto, valentinrussanov/iStockPhoto, Laurence Dutton/iStockPhoto, Andrey Popov/AdobeStock, Ekaterina/AdobeStock, kupicoo/iStockPhoto; p. 31 Ridofranz/iStockPhoto; p. 32 Look!/AdobeStock; p. 33 design56/iStockPhoto, Rido/AdobeStock, fizkes/AdobeStock, elnariz/AdobeStock; p. 34 New Africa/AdobeStock; pp. 36-37 orestegaspari/iStockPhoto; p. 36 Krakenimages.com/AdobeStock, vitals/AdobeStock, Gage Skidmore/commons.wikimedia.org; p. 37 Carlos/AdobeStock, Andrea Izzotti/AdobeStock; p. 38 David_Becker/GettyImages; p. 39 fizkes/iStockPhoto, JackF/AdobeStock. **U3**: p. 40 JenkoAtaman/AdobeStock, JenkoAtaman/AdobeStock, alfa27/AdobeStock; p. 41 nenetus/AdobeStock, Pepe Caparrós, dubova/AdobeStock; pp. 42, 46 John Phillips/GettyImages; p. 43 Krakenimages.com/AdobeStock, alfa27/AdobeStock; p. 44 Diana Taliun/AdobeStock; p. 45 nenetus/AdobeStock, JenkoAtaman/AdobeStock, kupicoo/AdobeStock; p. 47 Mangostar/AdobeStock; pp. 50-51 THPStock/AdobeStock; p. 50 Ranta Images/AdobeStock, lic0001/AdobeStock; p. 51 fredy/AdobeStock; p. 52 luckybusiness/AdobeStock; p. 53 Evrymmnt/AdobeStock. **U4**: p. 54 Jacob Lund/AdobeStock, nullplus/AdobeStock, Boggy/AdobeStock. **U5**: p. 60 bnenin/AdobeStock, Sarawut Kaewboonrueang/Dreamstime.com, Indigolotos/Dreamstime.com; p. 61 somchai20162516/AdobeStock; p. 62 Ppy2010ha/Dreamstime.com, Natalia Zakharova/Dreamstime.com, Olena Danileiko/Dreamstime.com, Freestocker/iStockPhoto, pedrotalens.com/AdobeStock, JackF/AdobeStock, ValentynVolkov/iStockPhoto, fcafotodigital/iStockPhoto; p. 63 Lasse Kristensen/Dreamstime.com, Zbynek Pospisil/iStockPhoto, Alex Manzanares Muñoz/iStockPhoto, mythja/iStockPhoto, Freestocker/AdobeStock, EunikaSopotnicka/iStockPhoto; p. 65 Alvaro/AdobeStock; pp. 68-69 SimonDannhauer/iStockPhoto; p. 68 nering a petronaityte/EyeEm/AdobeStock, Dirk Ercken/Dreamstime.com, Sergio Quiros/AdobeStock; p. 69 esdelval/AdobeStock, Serge Goujon/Dreamstime.com; p. 70 PhotoArt Thomas Klee/AdobeStock, Production Perig/AdobeStock. **U6**: p. 72 Cmon/AdobeStock, SamyStClair/iStockPhoto; p. 73 LucVi/Shutterstock, Sorin Colac/Dreamstime.com, Jon Le-Bon/AdobeStock; pp. 72-73 cienpiesnf/AdobeStock; p. 74 LucVi/AdobeStock, mehdi/AdobeStock, aharond/AdobeStock, Eduardo /AdobeStock; p. 75 janifest/AdobeStock, anyaberkut/iStockPhoto; p. 77 izusek/iStockPhoto, Chouk/AdobeStock; p. 78 DC_Colombia/iStockPhoto; p. 79 iferol/AdobeStock, Posztós János/AdobeStock, Devasahayam Chandra Dhas/iStockPhoto, Danaan/AdobeStock; p. 80 SeanPavonePhoto/AdobeStock; pp. 82-83 mehdi/AdobeStock; p. 82 Carlos/AdobeStock, MAUROOSO/AdobeStock, Devasahayam Chandra Dhas/iStockPhoto; p. 83 es.wikipedia.org, Sura Ark/GettyImages, anamejia18/AdobeStock; p. 84 jon_chica/AdobeStock, bodnarphoto/AdobeStock; p. 85 DMEPhotography/iStockPhoto. **U7**: p. 86 Jan/AdobeStock; p. 87 Alex/iStockPhoto, olindana/iStockPhoto; p. 88 slava296/iStockPhoto, Alex/iStockPhoto; p. 89 ysbrandcosijn/AdobeStock, andrzej2012/AdobeStock, FG Trade/iStockPhoto; p. 91 Cmon/AdobeStock; p. 92 Iren_Key/iStockPhoto; pp. 96-97 Eduardo Fonseca Arraes/GettyImages; p. 96 Morsa Images/iStockPhoto, Ammit/AdobeStock, Cavan Images/GettyImages, DC_Colombia/GettyImages; p. 97 Konstik/GettyImages;

p. 98 Syda Productions/AdobeStock; p. 99 sonyachny/AdobeStock. **U8**: p. 102 Mariia Korneeva/AdobeStock. **U9**: p. 104 istanbulimage/iStockPhoto, TanyaRozhnovskaya/iStockPhoto, mawielobob/iStockPhoto, clu/iStockPhoto, ZavgSG/iStockPhoto; p. 105 DonNichols/iStockPhoto, Taek-sang Jeong/iStockPhoto, the-lightwriter/iStockPhoto, popovaphoto/iStockPhoto, naumoid/iStockPhoto, ilkersener/iStockPhoto; p. 106 andreusK/iStockPhoto; p. 107 maribom/AdobeStock, MarBom/iStockPhoto; p. 109 filrom/iStockPhoto, Charles Wollertz/iStockPhoto; p. 110 michelangeloop/AdobeStock, xalanx/iStockPhoto, Shcherbyna/AdobeStock, CRimages/AdobeStock; p. 112 martin-dm/iStockPhoto; pp. 114-115 christian vinces/AdobeStock; p. 114 ajr_images/iStockPhoto, Aleksandar Todorovic/AdobeStock, EnricoPescantini/AdobeStock; p. 115 Gary DeJidas/AdobeStock, lblinova/AdobeStock. **U10**: p. 118 DragonImages/iStockPhoto, mihailomilovanovic/iStockPhoto, pixelfit/iStockPhoto, 120bpm/AdobeStock; p. 119 BalanceFormCreative/AdobeStock, AleksandarNakic/iStockPhoto, lzf/iStockPhoto, denozy/iStockPhoto, Sonja Rachbauer/iStockPhoto, Raul_Mellado/iStockPhoto; p. 120 Ranta Images/AdobeStock, Marina Andrejchenko/AdobeStock; p. 121 NoSystem images/iStockPhoto, Prostock-Studio/iStockPhoto, 4th Life Photography/AdobeStock, SolStock/iStockPhoto, chabybucko/iStockPhoto, leszekglasner/iStockPhoto; p. 122 mavoimages/AdobeStock, ozmen/AdobeStock; p. 124 StratfordProductions/AdobeStock; pp. 124, 130 jacoblund/iStockPhoto; p. 125 Viacheslav Iakobchuk/AdobeStock, vorDa/GettyImages, grey/AdobeStock; pp. 128-129 sunsinger/AdobeStock; p. 128 DMEPhotography/iStockPhoto, LisaStrachan/iStockPhoto, Mariana Ianovska/AdobeStock; p. 129 Loïc Bourgeois/AdobeStock, lblinova/AdobeStock; p. 130 BullRun/AdobeStock. **U11**: p. 132 Bill Oxford/iStockPhoto, mariesacha/AdobeStock; p. 133 oben901/AdobeStock, imaginima/iStockPhoto, alexandre zveiger/AdobeStock, Madhourse/iStockPhoto; p. 136 Fertnig/iStockPhoto; p. 137 Guillermo Xiu; p. 138 Song_about_summer/AdobeStock; p. 139 mumemories/AdobeStock; pp. 142-143 ailtonsza/iStockPhoto; p. 142 Delmaine Donson/iStockPhoto, Edgardo/AdobeStock, andriigorulko/AdobeStock; p. 143 ggfoto/AdobeStock, Valeriy/AdobeStock, bruno oliveira/AdobeStock; p. 144 pressmaster/AdobeStock; p. 145 Framestock/AdobeStock, deagreez/AdobeStock, FluxFactory/iStockPhoto.